本丛书是国家社科基金重大项目
“六百年徽商资料整理与研究”（13＆ZD088）阶段性成果

贾而好儒

GU ER HAO RU

王世华◎著

安徽师范大学出版社
·芜湖·

责任编辑:孙新文
装帧设计:任　彤

图书在版编目(CIP)数据

贾而好儒 / 王世华著.— 芜湖 : 安徽师范大学出版社,2016.12
ISBN 978-7-5676-2600-3

Ⅰ.①贾… Ⅱ.①王… Ⅲ.①徽商-研究 Ⅳ.①F729

中国版本图书馆CIP数据核字(2016)第202215号

本丛书由安徽江南徽商研究院、安徽五福文化产业发展有限公司资助出版,特此致谢!

贾而好儒
王世华　著

出版发行:安徽师范大学出版社
芜湖市九华南路189号安徽师范大学花津校区　　邮政编码:241002
网　　址:http://www.ahnupress.com/
发 行 部:0553-3883578 5910327 5910310(传真)　E-mail:asdcbsfxb@126.com
印　　刷:安徽芜湖新华印务有限责任公司
版　　次:2016年12月第1版
印　　次:2016年12月第1次印刷
规　　格:700 mm×1 000 mm　1/16
印　　张:13
字　　数:162千
书　　号:ISBN 978-7-5676-2600-3
定　　价:35.00元

总 序

徽商是指历史时期(主要是明清时期)徽州府六县(绩溪县、歙县、休宁县、黟县、祁门县、婺源县)的商人所组成的松散的商帮集团。

徽商走出丛山,奔向全国,向以从商人数众、经营行业多、延续时间长、活动范围广、商业资本大而成为历史上的一个著名商帮。徽商的出现,在中国历史上是一个非常重要的现象,更是一个奇迹。

六百年徽商,对我国封建社会晚期的政治、经济、文化、社会等各个方面都产生了重要影响,它已引起中外很多学者的高度重视。

自20世纪80年代以来,学术界就出现了"徽商研究热",学者们从不同角度、用不同的方法研究徽商,研究成果层出不穷,研究水平不断提高,大大深化了我们对徽商的认识。随着徽商研究的深入,人们越来越感到,徽商精神是我们当今社会宝贵的财富,进一步发扬徽商精神,对于我们今天繁荣社会主义市场经济、构建社会主义和谐社会,有着重要的现实意义。

徽商研究虽然取得了丰硕成果,但是这些成果基本上还没有走出学术圈,社会大众对徽商还是知之甚少,他们对徽商的了解基本上还是通过一些传说故事、电视、小说而获得的，而这些往往是不准确的。

历史上的徽商究竟如何？徽商是怎么发展起来的，又是怎么衰落的？徽商做出了哪些贡献？我们今天从徽商那里应该学习什么？我们觉得应该在广大群众中大力普及徽商知识，弘扬徽商精神，传播徽商正能量。为此，我们编写了这套丛书，共有八本：《第一商帮》《贾而好儒》《经营之道》《仁心济世》《商界巨贾》《无徽不镇》《徽商故事（明代）》《徽商故事（清代）》等，分别从某一侧面较为详细地展示徽商鲜为人知的地方。为了便于广大读者阅读，我们力求做到科学性与可读性相结合，运用通俗的文字表达出来，同时配有大量插图和照片，以帮助读者进一步了解徽商。

丛书之所以命名“解码徽商”，就是要将历史上徽商的真实情况介绍给广大读者，因此全套书的写作都是严格依据史实来编写，即使是徽商故事，也不允许杜撰，而是完全有史实根据的。

习近平总书记号召，要大力弘扬中国传统文化。徽商精神也是中国传统文化的一部分，我们希望通过这套丛书为响应习总书记的号召做出我们微薄的贡献。

王世华

2015年12月

目　录

第一章　虽为贾者，咸近士风

徽商之所以能够发展到那么大、那么强，持续时间那么长，这不是偶然的。细说起来，恐怕主要得益于他们是有文化的商帮，是儒商。"贾（音"古"，意为买卖）而好儒"是徽商的重要特色，也是徽商与其他商帮最大的区别所在。

徽商多为文化人

徽商有文化，这与徽州长期以来的教育传统是分不开的。宋代时期出了一位大儒朱熹，这可是一位了不起的思想家、理论家、哲学家、教育家、诗人。他是理学的集大成者，建立了庞大的理论体系，在社会上影响很大。朱熹的理学思想成为元、明、清三朝的官方哲学，是中国教育史上继孔子之后的又一人。他虽然出生在福建尤溪，但他从来都自称为"新安（徽州古称）朱熹"。因为他的父亲、祖父都是徽州婺源人。他一生两次来到徽州讲学授徒，传播理学思想，正是在朱熹的影响下，徽州风气开始从"尚武"转向"尚文"，形成了重教兴学的传统。这一传统一代代传承下去，被后代发扬光大。

"富而教不可缓也，徒积资财何益乎？"就是说，当富裕起来后，对

贾而好儒

子弟的教育是一刻也不能耽误的,光是积累资财有什么好处呢?徽商鲍橐的这句话就是对这一传统的最好注脚。因此在徽州尽管流传这样的谚语:“前世不修,生在徽州;十三四岁,往外一丢”。意思说男孩十三四岁就要送到外地当学徒,但此前在家却一面帮着做家务,一面上学读书,条件好的还专门聘请老师教授。作为家长,谁不愿自己的儿子从此能够走上科举之路,将来蟾宫折桂,光宗耀祖。所以徽州男孩从五六岁发蒙,到十三四岁,能读七八年的书。那时候学的基本上都是传统文化之类,如“三百千千”,即《三字经》《百家姓》《千字文》《千家诗》等,再深一点就是“四书五经”,即《论语》《孟子》《大学》《中庸》《诗经》《尚书》《周易》《礼记》《春秋》,同时老师还要教一些作文、做诗之法。我们可以想见,学了这些知识应该说他们就具备了一定的文化素养,更为今后的学习打下了坚实的基础。

虽为贾者,咸近士风(张贝贝绘图)

如果是可塑之材,家长可能会进一步培养他,所谓“出就外傅”,出远门就学于师,或者送到书院学习,进行深造,将来参加科举,考秀才,考举人,考进士。如果家里贫穷,那就要送出去当学徒了。这些人由于有了一定的文化根底,养成了读书的习惯,即使在学徒期间,也会挤出时间读书。学徒满师后往往单独经营,或者继续在店里升为伙计,有时还能独当一面,他们就是真正有文化的商人。

那些踏上科举之路的人，当然不会一帆风顺。在明清时期，参加科举考试，就像千军万马过独木桥，有幸“过桥”的人毕竟很少很少，大多数人会被挤下水。当他们屡踬场屋以后，对科举也就心灰意冷，只得另寻他路。那么选择最多的路就是经商。也有的人本可以在科举之路上继续走下去，但由于家庭发生变故，或者父亲生病，或者父亲年老，或者父亲生意做大了，缺少帮手，也只好中断学业，走上经商之路。这两种人都是学有根底的人，他们的弃儒服贾，使徽商队伍结构上又增添了大批的文化人。

有文化的商人和其他商人最大的不同就是，前者总是自觉不自觉地去追求文人士大夫的生活情趣。

具体表现在读书交友、寄情山水、诗文会友、珍藏古玩等方面。

徽商酷爱读书，这已成为他们生活的一部分，成为他们不易改变的习惯。所以他们商务再忙，读书也是不能缺少的。如明代休宁商人程良锡，没从商前很善于写文章，连一些老师宿儒都自叹弗如。然而他后来由于家中变故还是转而经商，“昼则与市人昂毕货殖，夜则焚膏翻书弗倦”。就是说他白天与人交易生意，晚上却点灯读书，不知疲倦。明代歙县人江遂志，自幼雅意读书，但家计萧然，只得弃儒就贾，他做的是长途贩运生意，“虽舟车道路，恒一卷自随，以周览古今贤不肖治乱兴亡之迹”。即使在船上、车上，都随身带着书，手不释卷，尤其关注历史上那些王朝治乱兴衰的经验教训，从中得到有益的启示。像这样的例子在徽商中比比皆是，不胜枚举。

被誉为“第一诗功海样深”的徽商程晋芳

贾而好儒

文化人爱写诗。写诗是抒发自己情感的最佳方式之一,所以那时的文化人,无不能吟诗作赋,留下了大量诗篇。徽商也爱吟诗,但大多未能保存下来,今天我们从一些史料中偶尔能发现一些徽商留下的诗篇,虽然是雪泥鸿爪,也弥足珍贵。我们挑选两首,与大家共同欣赏。

清代嘉庆年间的许仁,字静夫,号耕余,徽州歙县人。他从小聪颖好学,因家境贫苦,只得弃儒经商。许仁贾而好儒,经商之余,仍然孜孜不倦地读书,“夜执卷吟哦,每至烛见跋(尾)始休”,著有《丛桂山房诗稿》行世。许仁也做过大量善事。道光十年(1830),芜湖发大水,凤林、麻浦二圩堤溃,圩区一片泽国。许仁正好从汉口来芜,见此情形立即主持救灾,采取“以工代赈”的办法重新修筑圩堤。第二年春天,堤防刚刚竣工,夏季洪水又来袭,漫圩堤丈许。许仁又毅然担起赈灾责任,他雇船“载老弱废疾置之高地”,“设席棚,给饼馒,寒为之衣,病为之药”,还为农民代养耕牛;水退之后又分发麦种,“倡捐巨万,独任其劳,人忘其灾”。许仁曾制定凤林、麻浦二圩通力合作章程十六条,让百姓奉行。正因为许仁为芜湖百姓做了这么多好事,所以他去世后,“芜湖人感其德,请于官,立祠于凤林圩之殷家山祀焉”。一个商人,能够得到百姓如此真心爱戴,真是难能可贵。许仁有四个儿子,第三子许文深曾为海南巡检(从九品官),赴任之际,许仁特意写了一首《示儿》长诗,诗云:

昨读尔叔书,云尔赴广东。交亲为尔喜,我心殊忡忡。
此邦多宝玉,侈靡成乡风。须知微末吏,服用何可丰。
需次在省垣,笔墨闲研攻。懔慎事上官,同侪互寅恭。
巡检辖地方,捕盗才著功。锄恶扶善良,振作毋疲癃。
用刑慎勿滥,严酷多招凶。勿以尔是官,而敢凌愚蒙。

勿以尔官卑，而敢如聩聋。我游湘汉间，声息频相通。
闻尔为好官，欢胜列鼎供。况承巨公知，宜副期望衷。
勉尔以篇章，言尽心无穷。

大意是说，昨天接到你叔叔来信，得知你要到广东上任。亲友都为你高兴，我却忧心忡忡。因为广东这个地方历来多产宝玉，奢侈已成社会风气。你只是个微末小官，在穿着日用方面哪能奢侈呢？到省里等候批文期间，要抓紧时间，勤奋读书，对待上司要谨慎，对待同僚要恭敬和气。你的职位是巡检，只有捕到盗贼才算立功，你一定要锄恶扶善，要振作精神。用刑不能滥，滥用酷刑会得到恶报的。不要以为你是个官，就可以欺凌老百姓了。也不要以为你只是一名小官，就可以尸位素餐了。我在湖南湖北经商，虽然与你相隔很远，但我的信息还是灵通的。如果听说你是好官，我会为你庆贺的。何况上司提拔你，你也不能辜负他们的期望。在你上任之际，我用这些话勉励你，讲了这么多总好像说不完啊。

另有一位徽商吴廷枚，歙县人，寓居江苏东台安丰镇，平时经商之余好学耽吟，曾著有《鸥亭诗钞》。女儿出阁时，他没有大操大办，作为商人，他不是没钱，但他并没有为女儿准备丰厚的嫁妆大摆阔气，而是写了一首《嫁女诗》赠送女儿：

年刚十七便从夫，几句衷肠要听吾；
只当弟兄和妯娌，譬如父母事翁姑；
重重姻娅厚非泛，薄薄妆奁胜似无；
一个人家好媳妇，黄金难买此称呼。

鲍志道

意思是说，女儿你刚满十七岁就出嫁了，我有几句肺腑之言你一定要听取。到了夫家后，要把妯娌当成自己的亲兄弟，要像孝顺父母那样孝顺公婆。夫家的亲戚较多，你都要热情对待，我给你的嫁妆虽不多，但总比没有要强。如果别人夸你是个好媳妇，那真是黄金也买不到的称呼啊！

这是两位很普通的商人，从他们留下的诗篇来看，诗是写得很好的。姑且不论诗中所反映出的高尚的思想境界，单从文学水平来看，他们的素养也是很高的。

江珮本为儒，去儒从商非其志，故“时时诵史汉诸书及唐人诗，兴到援笔立就。所过名胜，辄眺咏移日”。

正因为徽商爱写诗，故有的徽商竟有诗集留给后代。如明代歙县商人黄长寿，号望云，本来走科举之路，后因家中贫穷，弃儒经商，他在生意之暇，“与文人登高吊古，终日徜徉，不以世故撄其心。所著有《望云遗稿》，藏于笥。刻《文公家礼》《诗文玉屑》《雪州文集》《望云集》《壬辰集》《壬辰续集》及《江湖览胜》，行于世”。更有一些突出的徽商，他们的文化水平受到当时一些著名学者的称赞。如清代盐商鲍志道，因一首《夕阳》诗，得到很多学者的赞扬，乃至人们都亲切地称他为“鲍夕阳”。另一盐商程晋芳，做诗极好，连当时著名诗人袁枚也写诗称赞他：“平生绝学都探遍，第一诗功海样深”。

寄情山水是文人的一大爱好。徽商也是如此。明清时期，徽商主要从事长途贩运，足迹踏遍全国各地。贩运途中或经商之余，游览风景名胜便是他们的乐趣之一。如绩溪商人章必泰，“性嗜学，喜吟咏，隐于贾。往来吴越间，凡名山胜迹无不游览，兴至辄吟诗以纪其事”。明代歙县商人黄长寿，“虽游于贾人，实贾服而儒行，尝挟资流览未尝置。性喜吟咏，所交皆海内名公，如徐正卿、叶司徒等，相与往来赓和，积诗成帙，题曰《江湖览胜》并《壬辰集》，前太史景公赐为之引，梓成藏为家宝”。歙县商人郑孔曼（字子长），“少而游吴，中岁游梁楚，晚栖迟旧京，凡三徙，而所在贤豪长者争识子长。子长虽游于贾，然峨冠长剑，褒然儒服，所至挟诗囊，从宾客登临吟咏，悠然若忘世虑者。著骚选近体诗若干首，若《吊屈子赋》《岳阳回雁》《君山吹台》诸作皆有古意，称诗人矣”。黟县商人胡春帆承先业出入江湖，“舟车往返，必载书简自随。每遇山水名胜之区，或吟诗，或作画”“饶有雅人深致，与庸俗市侩不类”。说这些商人是文化人恐怕也不为过。

至于诗文会友、收藏古玩等更是不少徽商钟情所在，这在后面将要详细介绍。

正因为徽商多为文化人，所以徽商倾心于各种文化事业，为文化事业做出了极大的贡献。

徽商是儒商

前文说过，徽商多为文化人。即是说徽商具有一定的文化根底，由于儒家文化一直在我国封建社会占据统治地位，所以这里说的文化主要指的是儒家文化。深受儒家文化浸润的徽商形成了自己独特的儒商风范。所谓儒商，就是“儒”与“商”的结合体，既有儒者的道德和

徽商经营地之一浙江乌程镇

修养，又有商者的精明与成功。这些都在徽商身上得到完美的体现。

首先来看徽商的个人修养。诚信，既是一个人的重要品质，也是个人修养的重要方面。徽商在待人接物上处处表现出诚信。歙商吴南坡是位布商，他曾说："人宁贸诈，吾宁贸信，终不以五尺童子而饰价为欺"。别人以欺诈来做生意，他却宁可以诚信经商，即使是儿童也决不欺骗。黟县程尚隆，"忠信谦恭，人咸悦服"。休宁张洲，在杭州经商，"以忠诚立质，长厚摄心，以礼接人，以义应事，故人乐与之游"，赢得大家的赞誉。绩溪章正浩在衢州贸易，也是"以信义著闻"。休宁程斑，十四岁就跟随舅舅在浙江乌程经商，别看他小小年纪，做事却有板有眼，"乌程人大信之"。后来舅舅拿出一些资本让他另设一个店铺，他认为乌程人都信赖自己，如果在本地设店，可能对舅舅不利，于是到平湖设店，经过一段时间，平湖人又像乌程人那样信赖他。这确实反映出程斑的个人修养。歙人程肇都是位盐商，弟弟程开周夫妇早逝，留下一五岁孤儿，肇都对其关爱有加，"饮食教诲无异己子"。待他长大后，肇都拿出一半的资产给侄子，以另一半给自己的两个儿子均分，并且对儿子说："非我于汝等薄也，所以慰先灵也"。这就是修养，这就是境界。

徽商作为儒商，也表现出温文尔雅的风范，徽商贾而好儒，最终使自身得到升华。文化确实能改变人，不仅能使人知识丰富，更能使人气质提高。"随风潜入夜，润物细无声。"徽商在中国传统文化特别是儒家思想的熏陶下，自身气质也在潜移默化中提高，旧有的商贾气逐渐减少，书卷气在逐渐增加。例如绩溪商人章策，一生喜爱读书，“虽不为帖括之学（指参加科举），然积书至万卷，暇辄手一编，尤喜先儒语录，取其有益身心以自励，故其识量有大过人者”。婺源商人孙大峦在吴越经商，“好与文人学士游，多闻往古嘉言懿行，开拓心胸，故能扫尽市井中俗态”。可见，读书使他能够扫尽身上的“市井俗态”，所以在别人看来，孙大峦“虽不服儒服、冠儒冠，翩翩有士君子之风焉”。徽商许晴川有五个儿子，全都延请名师教学，文化修养有了很大提高，后来四个儿子都经商，个个都是“循循雅饰若儒生”。

苏轼云：“腹有诗书气自华”。自身素质的提高就逐渐在人们心目中树立起儒商的形象。如：“金鼎和（清休宁人）……躬虽服贾，精治经史，有儒者风”。婺源人程执中说：“读圣贤书，非徒学文章掇科名已也”。提升自己的人格、修养尤其重要。在他的影响下，他的弟弟们及近亲虽然经商，“亦有儒风”。

正因为“贾而好儒”已成徽商的重要特色，所以徽州商人多有“儒风”，而且这不是个别商人的特征，而是徽商的普遍现象，因此明代谢肇淛才说：“新安人近雅”，雅就是文雅、儒雅。戴震也说：徽州人“虽为贾者，咸近士风”。具有“士风”的商人当然就是儒商了。

徽商作为儒商，对社会具有一种强烈的责任意识和担当意识。身为商人，当然不能像纯粹儒者那样，“学成文武艺，货于帝王家”“身处江湖之远，心怀庙堂之忧”，但他们却怀有仁心济世的理想。徽商经过几年、十几年甚至几十年的艰苦奋斗，大多发家致富了，但他们没有只顾自己享受，而是想到要为社会做贡献。绩溪商人章策说得好，“造物之厚人也，使贵者治贱，贤者教愚，富者赡贫，不然则私其所厚而自绝于天，天必夺之”。就是说上天之所以特别优待一部分人，使他们能富、能贵，是要让贵者治理贱者，富者赡养贫者。如果你不这样做，而是只顾独自享受这种富贵，那么就是自绝于天，天一定要把它夺回去。章策的话实际上反映了很多徽商的共同心声。所以徽商致富后自觉承担起很多社会责任。主要表现在以下几个方面。

赈灾。一旦某地发生灾荒，当地徽商总是义不容辞地慷慨解囊，伸出援手。这方面的例子在方志家谱中有大量记载。如雍正九年（1731），海啸成灾，正在扬州业盐的歙县大商人汪应庚施粥以赈伍祐、卞仓等场者三个月。十年、十一年江水迭涨，洲民仳离，应庚先出橐金安集之，随运米数千石往给。时疫疠继作，更设药局疗治。十二年，复运谷数万石，使灾民得哺以待麦稔，是举存活九万余人，表现出高度的社会责任感。再如明代崇祯十三年（1640）松江一带发生大水灾，这时离麦子成熟尚有半月，饥民朝不保夕。此时正赶上歙县粮商吴民仰载麦千石路过其地，见此情形，心中恻然，乃尽将船上小麦散给饥民，人各给一斗，得延旬日以待食新，救活了无数灾民。清顺治七年（1650）毗陵（今常州）又发生水灾，徽商吴公正在此经商，他煮粥以赈灾民。外地商人的义举，深深感动了本地的富户，他们也纷纷拿出家中的粮食赈济灾民。

徽商汪应庚捐巨资助修的扬州大明寺

济贫。歙商佘文义辛勤起家，"置义田、义屋、义塾、义冢，以赡族济贫，所费万缗"。像这类例子在徽商中不胜枚举。他们或者几十年如一日接济本族中的贫困者，或者除夕之夜暗将银钱散给贫穷之家，或者将穷人借券全部焚烧，等等。

架桥、铺路、兴办义学、收养弃婴、设立义渡等，凡此种种，不一而足。总之，无论在家乡还是在经商地，徽商的这种传统一直得到发扬光大。这就是社会责任精神、历史担当精神，反映了儒家"穷则独善其身，达则兼济天下"的精神。所以我们认为"儒商"这一称呼，徽商是当之无愧的。

"儒"对"商"的影响

我们知道，"贾而好儒"是徽商的重要特色。这里所谓的"儒"，指的就是儒家文化。儒家思想作为封建社会的统治思想，对徽商的影响是巨大的。

首先，有文化使徽商具有理性。对一个人来说，有没有文化是大不一样的。清代一位戏剧家李渔在谈到"学技"与"学文"的关系时，曾提出过精辟的见解，他说：

> 学技必先学文……通天下之士农工贾、三教九流、百工技艺皆当如是观。……明理之人学技与不明理之人学技，难易判若天渊。然不读书不识字，何由明理？故学技必先学文。

就是说，不管你学哪一行，士农工商也好，三教九流也罢，凡学百工技艺，首先要学文。为什么呢？因为明白事理之人与不明白事理之人，学习技艺的难易程度有着天壤之别。这在日常生活中是显而易见的。怎样才能明白事理呢？当然要有文化，不读书不识字，怎么能明白事理呢？所以学技必须先学文。

徽商就是因为有文化，所以明白事理，具有理性精神。经商不是光会算账就行了，还要分析、判断、决策，这就要掌握各地的丰歉、物价的高低情况，以便做出决定。经商还要正确地处理与顾客的关系。鲍直润说得好："利者人所同欲，必使彼无利可图，虽召之不来焉，缓急无所恃，所失滋多，非善贾之道也"。就是说，利益，人人都想要，做生意尤其要考虑到这一点，你如果只顾自己的利益，不顾对方的利益，使对方无利可图，你就是请他来他也不会来的。这样，你的损失反而更大，这不是好的经商之道。用我们今天的话来说，这实际上就是"双赢""多赢"的理念。人际交往、国际交往，都应遵循这样的理念，这就是有理性精神。经商还要懂得历史。盐商尤其要熟悉国家的盐业政策及其演变的历史，这样才能更好地开展经营。很多徽商在这方面显示出特殊的能力。如徽商黄崇德在扬州业盐，盐业政策在各代都不一样，演变非常复杂，一般人根本搞不懂，甚至连盐政官员也难以全部知悉。但是黄崇德博览多通，上自春秋《管子》之书、下至东汉《盐铁论》、唐宋《食货志》、明代《大明会典》，统统讲求周悉，了然于胸。当盐政官员询问有关问题时，黄崇德则条陈利害，侃侃而谈，分析得头头是道，并相机提出有关建议，盐政官员则完全采纳，在淮南淮北盐

《大明会典》书影

场推行。那时在扬州还有不少山陕商人从事盐业，他们也好出谋划策，但听到黄崇德的议论，无不心悦诚服，大家一致推选他为总商。另一盐商黄锜也是如此，虽在商场，却酷爱读书，《左传》及其他历史书读了很多，每当盐商有事要向盐官汇报时，总是推举他去。而黄锜"侃侃然发中要领，气劲而词温，所谘禀多见听"。可见，文化对经商多么重要。

其次，有文化也是徽商与官员交往的润滑剂。在封建时代，一切资源都掌握在政府和官员手中，要利用这些资源，免不了要与官员打交道。那时的官员即使是七品芝麻官的县官，也大多是进士出身，可谓学富五车，满腹经纶。与这样的人打交道，没有文化当然不行，甚至文化低了也难以沟通。徽商因为有文化，他们与官员打交道就能左右逢源，有的甚至与官员结成至交。如黄存芳性格豪爽英迈，而仪度修伟，翘楚拔群，"虽为贾人，而言论风旨雅有士人标格，故缙绅辈乐与之交"。显然黄存芳身上的儒者风范折服了大家，就连"缙绅辈"亦即官宦之人也都"乐与之交"。又如汪可训，曾是太学生，即在国子监里读书，是最高级的生员，受到过很好的训练，也积累了很多知识，人称太学生。本想走科举之路，因不得志而弃儒经商，来到芜湖。他就和一般商人大不相同，处处表现出儒者的修养。当时芜湖置有榷关，西蜀雷公上任以后，公余访求闾井贤豪，当人们将汪可训引荐给他时，见其谈吐不凡，"一见大悦"，后来离任之日，"依依江浒不忍别"。接任者潘二

芜湖江边宝塔今貌

岳，亦访得汪可训，更是与他结为好友，一月要见面四次，后来索性交给他一把钥匙，像家人一样从便门直接进出，潘公对他的款待甚至超过戚属，真可谓莫逆之交。其他来芜官员也是如此，无不与汪可训成为挚友。一名普通商人与官员之间能建立如此的关系，当然不是金钱的原因，而是汪可训身上表现出来的儒者气质，赢得了儒者出身的官员们的赞赏。至于说到江春、程晋芳、马曰琯、马曰璐这些著名徽商，他们和官员的关系就更不必说了。

与官员交往，非常有利于商业的发展。首先就是能够获得各方面的信息，这对经商来说十分重要。其次，有官员朋友这样的背景，就能扫除经商中的一些障碍。尤其是当遇到诉讼官司时，有没有官员的支持就大不一样了。如徽商黄锜的父亲在淮经营盐业，因利益得罪当地豪猾，构成一场官司。黄锜得知后赶赴扬州，“见齐侍御、高司使，台司皆直君，卒置豪猾法”，他拜见了御史和按察司使，因为和他们都有过多次交往，所以都站在黄锜之父这一边，乃将豪猾置于法。这都说明与官员关系的重要性。

第三，有文化可以使徽商能够借鉴历史经验。徽商很注意学习历史上前人总结的从商经验，并落实到自己的实践中去。例如司马迁的《史记·货殖列传》是一篇经典著作，总结了历史上许多经商成功的经验，成为徽商必读的教科书。徽商从中受到很多启发，得到很多激励。其中所说的“廉更久，久更富，廉贾归富”的道理，对徽商不能不产生极大的影响。历史上一些著名的大商人都成了徽商学习效法的榜样。如被誉为“商祖”的战国时人白圭曾说：“吾治生产，犹伊吕之谋，孙吴用兵，商鞅行法”。就是说，他经商像辅佐商汤的伊尹、辅佐周武王的吕尚那样深谋远虑，像军事家孙子、吴起用兵那样审时度势，像政治家商鞅变法那样顺应时机。战国时人白圭的经验被徽商奉为圭臬，如人们评价汪世贤说："此数者（指白圭的话），世贤心得之矣"。显然他是仔细揣摩白圭的经验并加以效法，所以成为富商的。歙县商人黄莹，就反复揣摩春秋时期的大商人计然总结的经验："贵上极则反贱，贱下极则反贵。贵出如粪土，贱取如珠玉"。就是说物价贵到极点，就会返归于贱；贱到极点，就会返归于贵。当货物贵到极点时要赶紧卖出，视同粪土；当货物贱到极点时，要及时购进，视同珠宝。这对他启发很大。书中又说到战国时期猗顿以盐业致富的经验，他也去业盐并致大富。

第四，儒家思想帮助徽商形成良好的商业道德。在儒家文化的长期浸润下，徽商对儒家思想从学习上升到信奉，并用来指导自己的商业实践。在伦理关系方面，儒家有一系列的论述。如关于"诚"，孟子曰："诚者，天之道也；思诚者，人之道也"。真诚是上天的原则，追求真诚是做人的原则。关于"信"，孔子曰："人而无信，不知其可也"。一个人如果不讲信用，那就不知道他会怎么样了。又说："民无信不立"。一个国家得不到老百姓的信任，就要垮掉。至于"义"，儒家论述就更多了。孔子说："见义不为，无勇也"。孟子说："义，人之正路也"。义，是人类最正确的光明大道。在"义"和"利"的关系上，儒家主张"义"应放在第一位，"利"是第二位的。要见义勇为，见利思义，而决不能见利忘义。儒家所有这些关于道德规范

孔子像

的论述,徽商不仅耳熟能详,而且用来指导自己的商业行为。因此,徽商形成了“以诚待人”“以信接物”“以义取利”的商业道德。有的徽商“一切治生家智巧机利,悉屏不用,惟以至诚待人”。有的徽商宣称:“人宁贸诈,吾宁贸信”。有的徽商“以诚信见重于时”。有的徽商教育子弟经商:“职虽为利,非义不可取也”。“财自道生,利缘义取。”等等,这一切不能不说是儒家思想影响的结果。

第二章　商士之谊

元龙气象，北海遗风

这里所说的“士”，主要是指文人、学者，当然也包括官员。贾而好儒的徽商因为有文化，又有较深的文人修养，所以他们与士人之间就有了共同的语言和兴趣，加上徽商豪爽的性格，所以徽商每到一处就与当地的士人和过往的士人结成了深厚的友谊，成了士人的好朋友。

明初徽商朱敬宗挟赀南走荆湘，北游淮甸，“以墨池交结天下士，见者谓其有元龙气象”。三国时的陈登，字元龙，可谓湖海之士，豪气不除。朱敬宗身上有元龙气象，可知他性格豪爽，所以与士人关系非常好。休宁商陈尤德，虽然经商，却“博通群书”，所以他特别喜欢与文人交往，据宗谱载：他“善交游，海内名流恒欲得而交之，故座客常满，樽酒不空，有北海之遗风焉”。这里的“北海”是指东汉的名士、建安七子之一的孔融，他好士喜客，座上客常满，又奖掖后进，因此声望甚高。因他曾任北海相，世又称孔北海。人们称陈尤德有“北海之遗风”，可见他“好士喜客”的风度。歙商江世鸾也是“恂恂雅饰，贾而儒者也。市隐南婵邑中，名士乐与偕游”。明代嘉靖歙商王富祥，商游吴、越、齐、鲁间，他虽是商人，却“好吟咏，士人多乐与之交，而诗名日

东汉名士孔融，曾任北海相，时称孔北海

起”。有人对他的母亲说：“业不两成，汝子耽于吟咏，恐将不利于商也”。而他的母亲却具有不一般的见识，非常支持儿子，她说：“吾家世承商贾，吾子能以诗起家，得从士游幸矣，商之不利何足道耶!”像这样的母亲确实见识很高。

清代黟县商人余国极，在淮南经营盐业，“在在与文人游，如扬州谢春、淮安宋登瀛、饶州程日新、休宁金标，同邑许宝球，皆有诗文题赠之”。歙人程山尊继承先人旧业经商，所到之处喜与文人交游，“所与交者黄冈杜于皇、南城徐仲光、宁都魏凝叔、京口蒋前民，皆一时文字之游”。他们所交游的这些文人几乎都是一时名士。明嘉靖休宁商程莹，身在商场，却没有市侩气息，“客游高雅，豪放之气，播于湖海”，并且喜爱与文人缔交，“寓湖州之双林市，凡浙之名流达士，骚人墨客，皆内(纳)交往来”。同时的休宁商汪浩，走南闯北，每到一处就与当地文人交往甚欢，“所至吴越，即交欢吴越缙绅士，转在楚蒲圻，楚人士争交欢者复如吴越”。后来他年老返回故乡，临别时，士人朋友齐来相送，竟然“相对泣旗亭下，不能(忍)别去”。士人能够如此对待一个商人，这在其他商帮中确是少见的。但这种士商友谊在徽商中又是比较普遍的。

厉鹗的幸运

杜甫有诗："文章憎命达，魑魅喜人过"。士人往往落魄。而落魄的士人由于倔强清高的性格，又不会屈尊低就，逢人嗟食，因此往往陷入悲惨的境地。

徽商有文化又有经济实力，他们对那些命途多舛又才华横溢的落魄士人情有独钟，惺惺相惜，向他们伸出了援助之手。

著名学者厉鹗就是幸运者之一。他"性情孤峭，义不苟合，读书搜奇爱博，钩新摘异"。由于饱读书史，对宋元以来的丛书稗说无不通晓。历史往往喜欢与人开玩笑，这样的学者却命运不济。参加科举，虽然乡试顺利通过，成了举人，但两次参加礼部考试都铩羽而归。乾隆元年，朝廷举行博学鸿词科，这是在科举制度之外的一种不定期加试。所试为诗、赋、论、经、史、制、策等，不限制秀才、举人资格，不论已仕、未仕，凡是督抚推荐的，都可以到北京考试。考试后便可以任官。这对厉鹗来说当然是个福音。他兴致勃勃满怀希望地来到北京参考，可是因为在试卷上误写了一处而与机会失之交臂。不

清代著名学者厉鹗(号樊榭)像

久，朝廷又规定举人可以直接遴选县令，于是他准备进京候选，谁知被一朋友挽留，整天饮酒赋诗、谈文论道，不知不觉过了几个月，当然又错过了机会，只好悻悻回到家乡。可想而知，此时他已落魄到极点。

就在这时，扬州盐商马曰琯、马曰璐兄弟得知了情况，立即将其“延为上客”，从此厉鹗在二马家住下，一住就是几年。二马祖辈从徽州来到扬州业盐，非常富有，到二马这一代继续经营盐业。二马兄弟虽是商人，却好学博古，考校文艺，评骘史传，旁及金石文字，无不精通。文人爱书，二马更是如此。他们家建有园林曰小玲珑山馆，其中有看山楼、红药阶、透风透月两明轩、七峰草堂、清响阁、藤花书屋、丛书楼、觅句廊、浇药井、梅寮等诸胜。小玲珑山馆又建有丛书楼，藏书百橱，远近闻名。二马对士人又特别好，士人评价他们说：“倾接文儒，善交久敬，意所未达，辄逆探以适其欲”。就是说他们倾心交接文人儒士，始终对士子保持敬意，有时不知怎么表达自己的心意，就多方打听，尽量满足士人的需求。

厉鹗《宋诗纪事》

厉鹗来到二马的小玲珑山馆，不愁吃穿住，而且有大量的图书供他使用，真可谓“海阔凭鱼跃，天高任鸟飞”了。厉鹗在此潜心研究，埋头著述，完成了皇皇巨著《宋诗纪事》一百卷，该书是一本宋代诗歌资料汇集，纪录宋诗作者3812家，各系以小传。以事存诗，以诗存人。有关传记性质的事，列于作者小传之后，有关诗的本事，列于诗后。无事可采、无他书征引而又有多首诗的作者，则选录其一首或几首诗。为完成这部书，厉鹗充分利用小玲珑山馆的丰富藏书，查阅了大量资料，像诗话、笔记、总集、别集、类书、史书、方志、金石、碑帖等，广征博引，所以《宋诗纪事》是一部价值很高的学术著作。除了《宋诗纪事》外，厉鹗在二马家的丛书楼还完成了《南宋画院录》《辽史拾遗》《东城杂记》等著作，皆博洽详赡。可以说，二马玉成了一位大学者。

厉鹗虽有家室，但年届六十仍无子嗣，在那个时代，膝下无子是很悲凉的。马曰琯为了解决这个问题，又专门拿出钱财为他纳妾，还腾出房屋给他们居住，所谓“割宅以蓄华妍”，让厉鹗感动不已。

像厉鹗这样幸运的当然不止他一人。学者楼锜也在小玲珑山馆研读多日，受到百般照顾，所以他在《题丛书楼呈马嶰谷半查昆季两先生》一诗中非常感激地写道：“阅肆愧非才，插架困贫乏。感兹故人意，借抄兼借榻”。穷厄以终但颇有学问的寒士姚世钰也是丛书楼里的座上客。他曾满怀深情地写道：“薄游扬州，马秋玉、佩兮兄弟为余置榻丛书楼下，膏馥所沾丐(溉)，药物所扶持，不知身之在客也”。他在丛书楼里读书、校书，获益良多，最终成为一位著名学者。从中就可看出二马对人才的惺惺相惜之情。

吴敬梓的知音

清代著名长篇讽刺小说《儒林外史》的作者吴敬梓也是一位穷愁潦倒的落魄文人。

吴敬梓(1701—1754)，字敏轩，号粒民，清代安徽全椒人，因家有“文木山房”，所以晚年自称“文木老人”，又号“秦淮寓客”。他出身于仕宦名门，家庭富有，因此从小受到良好的教育，他不仅勤奋努力，而且对文学创作表现出特别的天赋。及至成年,因为父亲到各处做官,吴敬梓随侍身边,从而有机会了解大量的官场内幕,为他以后的文学创作奠定了基础。吴敬梓22岁时,父亲去世,家族内部因为财产和权力而展开了激烈的争斗。

吴敬梓肖像

这场变故影响了吴敬梓的一生,他对虚伪的人际关系和官场的险恶深感厌倦,无意进取功名。安徽巡抚推荐他应博学鸿词科考试,在别人看来这是可遇不可求的良机,而他竟装病不去。他不善持家,又好帮助穷人,遇贫即施,很快家产变卖殆尽,从此过着清贫的生活。

《儒林外史》书影

就在这个时候,他结识了徽州盐商程晋芳。程晋芳,字鱼门,祖籍徽州,祖辈治盐于淮。乾隆初,两淮盐商非常殷富,程氏家族尤豪侈,但程晋芳十分讨厌那种奢靡生活,独愔愔好儒,不惜拿出自己的家产,购书五万卷。吴敬梓与程晋芳的族祖程廷祚是至交，因而也结识了程晋芳。乾隆六年(1741)，当24岁的程晋芳与41岁的吴敬梓初次见面时，就非常投契，相见恨晚，两人立即结为忘年之交。此时的吴敬梓时运不济，命途多舛，虽学富五车，满腹经纶，却穷愁潦倒。但他对程晋芳的才华非常欣赏，认为尽管目前还年轻，但将来成就未可限量。因此对他说："子才可及而年不可及"。意思是说你将来的学问可以赶上我，但你的年龄却永远赶不上我了。

据史载，两人曾有四次会面，或研究学问，或同游览胜，或赠答唱和，坐谈古今。受程晋芳的盛情邀请，吴敬梓在乾隆六年(1741)来到淮安程晋芳的府第，一住就是三个月，程晋芳当然给了他不少资助。过了几年吴敬梓又去了淮安。乾隆十七年(1752)春，程晋芳来南京应乡试，期间他与吴敬梓等友人聚首畅游，相互酬唱。乾隆十九年(1754)十月七日，吴敬梓客居扬州期间程晋芳自淮安来扬，两人意外相逢。这是两人最后一次见面。时过境迁，物是人非。程晋芳由于一门心思沉在学问里，盐业生意从不亲自打理，又好周济贫穷的亲戚朋友，会计一事完全交给家奴，从不查问，结果生意搞得一塌糊涂，不仅家产耗尽，而且债台高筑，穷困难支。吴敬梓听说后握住程晋芳的手哭道："你也到了我这种地步，此境不易处也，奈何！"程晋芳返淮时，船将解缆，吴敬梓登船言别，手指新月对程晋芳说："与子别，后会不可期。即景悢悢(惆怅)，欲构句相赠，而涩于思，当俟异日耳"。谁知此次别后只七天，吴敬梓就溘然长逝。噩耗传

吴敬梓画像

来,程晋芳极其悲痛,写了《哭吴敏轩》,表达自己的情感:

三年别意语缠绵,记得维舟水驿前。
转眼讵知成永诀,拊膺直欲问苍天。
生耽白下残烟景,死恋扬州好墓田。
涂殡匆匆谁料理,可怜犹剩典衣钱。

沉醉炉边落拓身,从教吟鬓染霜新。
惜君才思愁君老,感我行藏虑我贫。
曾拟篇章为社侣,空将鸡黍问陈人。
板桥倦柳丝丝在,谁倚春风咏曲尘。

促膝闲窗雨洒灯,重寻欢宴感偏增。
艳歌蛱蝶情何远,散录云仙事可征。
身后茅堂余破漏,当年丹篆想飞腾。
过江寒浪连天白,忍看灵车指秣陵。

好友的离去,实在难以忘怀。过了一段时间,只要一想起吴敬梓,程晋芳就情不能已,又写诗怀念故友:

寒花无冶姿,贫士无欢颜。嗟嗟吴敏轩,短褐不得完。
家世盛华缨,落魄中南迁。偶游淮海间,设帐依空园。
飕飕窗纸响,槭槭庭树喧。山鬼忽调笑,野狐来说禅。
心惊不得寐,归去澄江边。白门三日雨,灶冷囊无钱。
逝将乞食去,亦且赁舂焉。外史纪儒林,刻画何工妍。
吾为斯人悲,竟以稗说传。

从“外史纪儒林，刻画何工妍”来看，显然程晋芳有幸拜读了吴敬梓的《儒林外史》，并发出“刻画何工妍”的评价。凭着吴敬梓的满腹才华，本来完全可以在官场大有作为的，但想不到穷厄而死，所以“吾为斯人悲！”那时候，写稗史小说是被人看不起的，认为不是治学正途。但程晋芳认定这部小说一定会使吴敬梓名扬天下，从而发出“竟以稗说传”的感叹！

为了纪念吴敬梓，程晋芳为其撰写了迄今最为详尽的也是唯一的一篇传记《文木先生传》，从而保存了许多关于吴敬梓的珍贵史料。他还出资将吴敬梓的《儒林外史》刻印出版，使这部伟大的讽刺小说得以传世。

这也是吴敬梓遇到知音，不幸中的大幸吧。

百金资助出一个状元

徽商对士人的帮助可以说决不是偶尔为之，而是一贯的、普遍的行为。

朱彝尊《经义考》书影

著名学者朱彝尊写了一部《经义考》三百卷，陆续付梓，书稿“校刻追半，鸿业未终”，却赍志以殁。雍正年间，马曰琯从朱彝尊孙子处获得书稿，深知此书的宝贵价值，欣然邀约同志，打算刻完此书。但其间遇到一些麻烦,只好作罢。过了二十年,德州卢公重掌江南盐政,将此事又嘱托给马曰琯。于是马氏兄弟利用家中丰富的藏书,邀请钱塘陈授衣、仪征江宾谷、元和惠定宇、华亭沈学士共同帮助校对,费时整整一年,终于刊刻完毕,计一百三十多卷,合前所刻一百六十七卷,终成完书。为了这部巨著,马氏兄弟商略考订,兼综其事,不知投入了多少精力和财力。这部皇皇巨著的问世,不仅可以告慰朱彝尊于九泉,更是为我国传统文化宝库增添了新的瑰宝。

出自内心的帮助总是无微而不至。马氏兄弟在与文人的交往中也真够细心的了。如钱塘范镇、长洲楼锜,皆为名诸生,年长未婚,马曰琯爱才心切,竟然为他们择配以完家室。勾甬全祖望,是个著名学者,不幸患了重病,虽然延请了好几位医生给他看病,但效果都不理想。马曰琯看在眼里,急在心里,为了尽快地治好他的疾病,竟然悬出赏格,以激励医生用心诊治。天门唐太史,客死维扬,又是马曰琯拿出重金归其丧。勾吴陆锡畴生病而且很危重,马曰琯得知后买舟疾趋前来探望,陆锡畴感动地说:“只有你能为我治理丧事啊”。果然,陆锡畴去世后,丧事完全由马曰琯代为料理。至于一些好朋友去世后,每年周恤他们妻子儿女的事就更多了。

徽商对其他士子的帮助也有很多见于记载。明代歙县商人黄锜在淮阴经营盐业致富,他好贤礼士,挥金不靳。根据宗谱记载,淮阴是南北交通要道,士大夫往来不息,黄锜总是热情留宿,招待甚周。这里经常有赴京会试的举人路过,他就深知他们的困难。古人云:“长安居,大不易”。指在京城生活太不容易了。更何况去考试,食、住、行、考、拜师、会友,样样需要钱,有些寒素的举人往往因此而放弃会试。黄锜对这些人总是慷慨解囊,使他们“踊跃穷途,飞翼天衢”。

千万不要小看这种经济帮助,有时竟能彻底改变一个人的命运。

如婺源商人朱日丰，年轻时就在浙江嘉兴经商，二十余年积赀至三百余万。有子六人，命长子与四、五子居婺源，二、三子与六子居嘉兴。乾隆十年（1745），朱日丰回婺源展墓，照例首先到私塾看望给儿子教书的塾师，交谈之中得知塾师为举人，就问他为什么不去参加会试呢？

塾师说："家中太穷了，没有这笔钱去参加会试"。

朱日丰问："需要多少钱呢？"

塾师答："非要一百两银子不可"。

第二天，朱日丰拿出一百两银子交给塾师，希望他赶快去京城参加会试。

塾师欣然就道，谁也没想到，他竟于这一科大魁天下，也就是说考中了万里挑一的状元。

他就是常州钱维城。

状元及第匾

一名落魄的举人，在徽商朱日丰的资助下，竟然中了当年状元，钱维城后来不仅官至刑部侍郎，而且成为著名画家，供奉内廷，被尊为画苑领袖。

文人的回报

明清时期，由于徽商贾而好儒，本身就具有很高的文化水平，具有浓厚的文人气质，他们对传统文化的热爱和理解，对士子文人的支持和帮助，从而使徽商与文人士子之间确实结成了深厚的友谊。

作为回报的方式之一，文人士子纷纷为徽商撰写传记、贺寿文或墓志铭。

墓志铭

在封建社会，人死了都是采取土葬方式，因此一般都建有坟墓。坟墓前面竖起一块石碑，上面刻有某某之墓，这就是墓碑。但有的坟墓不仅有墓碑，还有墓志铭。这墓志铭是放在墓里刻有死者事迹的石刻。一般由两块石板组成，上层曰盖，刻有标题，即某某人之墓；下层曰底，刻有“志”和“铭”。“志”多用散文撰写，叙述逝者的姓名、世系、爵里、生平事迹等等。“铭”用韵文撰写，用于对死者的悼念和赞扬。但不是人人死后都有墓志铭的。在明代以前，可以说只有达官贵人死后才有资格在坟墓里放墓志铭的，一般的平民百姓与墓志铭是无缘的。正因为如此，我们今天考古发掘的古墓，凡有墓志铭的都是贵族官员，这已成了一个不成文的特权。

这个特权到了明代还有人支持，明代儒学大师、著名散文家、翰林院编修唐顺之曾讥讽："屠沽细人，有一碗饭喫，其死后则必有一篇墓志"。在这位思想保守的官员学者看来，普通老百姓死后哪有资格享受墓志铭呢？但随着社会经济的发展，商人在经济上富裕了，他们也要求在社会地位上得到提升，其表现就是死了要请名人写一篇墓志铭。千万别以为这是商人的虚荣心，他们实际上是要通过墓志铭向世人表示自己的社会存在。所以只有官员能享有墓志铭的特权在明代被冲破了。首先冲破了这个特权的当然是徽商。徽商有文化，他们特别希望向世人昭示自己的存在，即使死后也是如此；他们又有钱财，像样的墓葬也花费得起；他们更有一批著名的文人知交。因此，很多徽商尤其是一些大徽商，在死后都由子弟去请一些文人学者撰写墓志铭。而这些文人学者或是徽商本人的至交，或是徽商子弟的挚友，一般都乐意为之撰写，从而留下了大量的徽商墓志铭或其他关于徽商的文字。

明清时期，为人祝寿也是盛行风气之一，人逢五十、六十、七十、八十整岁生日时，家中后代都要为长辈祝寿，亲戚朋友也都来贺寿，祝寿、贺寿如有文字那就更好，如能请到社会上的著名人士撰写，那无论本人或后代都会感到非常荣耀。所以每逢此时，徽商本人及其后代就会通过各种途径找到当时社会名流特别是著名学者撰写这类文字。

在为徽商撰写寿序及墓志铭的文人学者中，有两个人是引人注目的。他们一是明代的汪道昆，一是明代的李维桢。

汪道昆是徽州歙县人，他的父亲、祖父都是商人，但对他的教育却非常重视。他3岁时，祖父就口授唐诗百首，竟然背诵如流。6岁读私

汪道昆塑像

塾，聪慧异常，过目不忘。以后又外出游学拜师，不断长进，所以在嘉靖二十六年（1547），也就是他22岁时，一举中进士。真可谓少年得志，一帆风顺。中进士后他做过县令、知府、福建副使，最后调到中央任兵部左侍郎，相当于国防部副部长。汪道昆还是著名的多产作家，在当时的文坛享有盛誉。能够请到这样的人给自己撰写墓志铭，那真是无比的荣耀。由于他是徽州人，又有商人家庭背景，所以很多徽商都与他有着密切的交往，他也为徽商、徽商妇、徽商母写了大量的寿序、传记、像赞、祭文、墓表和墓志铭。在他的一百二十卷的《太函集》中，据统计，这方面的文字达二十余万字。正是由于他把为商人撰写的这些文字都收在自己的文集中，才为我们保存了大量的徽商资料，再现了很多徽商的生平。例如，他为一个普通商人阮弼写了《明赐级阮长公传》，在传中他记叙了阮弼因为家中贫穷，选择了经商：

长公（阮弼）叹曰："吾欲为良士，无修糈（指学费）则无师，良士安可为也？吾欲为良医，医必历试。一不验将杀人，良医安可为也？"

就是说想读书参加科举，但又请不起老师。想学医，但学医必须拿人做试验，一次失败，好比杀人，只得去经商。到了芜湖，由于他以诚待人，言而必信，很快受到众商的拥护和爱戴。然后他又选择经营纸业，又开展染色纸业务：

乃自芜湖立局，召染人曹治之，无庸灌输，费省而利滋倍，五方购者益集。其所转毂，遍于吴越、荆梁、燕豫、齐鲁之间，则又分局而贾要津。长公为祭酒（指众商领袖），升降赢缩莫不受成。即长公不操利权，亦犹之乎百谷之王左海。

传记又写到阮弼致富后如何帮助别人：

诸宗族、亲戚、闾右交游至者，辄推赤心而纳之交。业儒则佐之儒，材可贾则导之贾，能独立则授赀而薄其息，能从游则授糈（粮食）而翼其成；有过则规，有善则劝，有难则赴，有急则赒，有违言则解纷。讼则为之平其议，两造务守胜，有司遣之质成，言出而各虚已听之，不待其辞之毕也。抑或坚持不下，辄出百金结其成。事既平，未尝有德色。

尤其是记载了阮弼成功地领导了一场芜湖抗倭保卫战：

岁乙卯（1555，明朝嘉靖三十四年），岛夷（指倭寇）自越（浙江）突新都（指新安，即徽州），且薄（接近）芜湖。芜湖故无城，守土者束手无策。长公倡贾少年强有力者，合土著丁壮数千人，刑牲而誓之曰："寇邪？虎邪？虎而嵎，手可搏；虎而翼，矢可加。如其寇也，则业已穷，虽张，吾侪直醢之，以谢天子"。寇侦有备而宵遁。

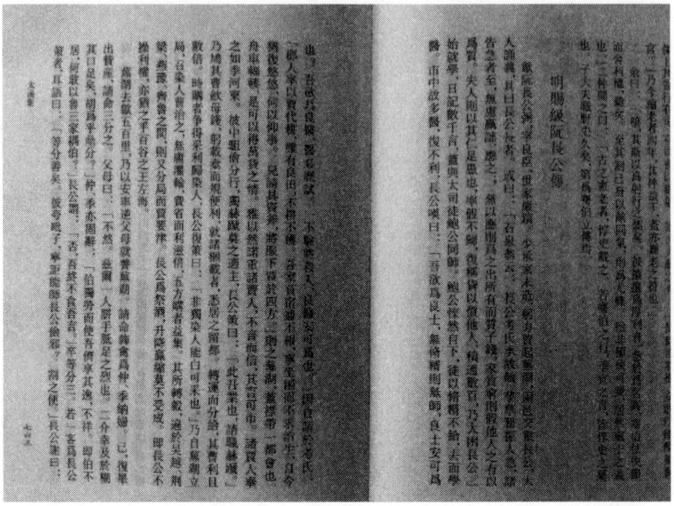

《太函集》书影

正是在汪道昆的笔下，一个普通商人的形象活灵活现地呈现在我们面前。像这样的例子在《太函集》中还有许多。

比汪道昆稍晚的李维桢，也是明代大文人。他在隆庆二年(1568)中进士，在翰林院做庶吉士继续深造，散馆后授翰林院编修。以后到地方做官，累官至礼部尚书，是一名部长级官员。李维桢性情乐易阔达，文章弘肆，在文坛卓负重名垂四十年。这样一位大名人与徽商交往也很多。在他留下的一百三十四卷《大泌山房集》中，为徽商写的各种记、序、家传、墓志铭也有二十余万字。例如，他为婺源商人江国邠撰写《江先生家传》，其中写到他的为人：

> 先生席父遗资饶溢，而蔬食布衣不改其素。家人为木客，贾吴楚，或数千章。先生书一团茅草诗，若自嘲……然以无侈费，蓄滋羡。人操书致售田，必予善价，里中入租以石计，有定衡，独先生减二斤。故先生田日斥，而乐为先生田佣者，惟虞不得间，岁侵出廪粟数千石，食馁民。每行携金袖中，遇贫者出而周之。鳏寡

孤独倍其等，无长少贵贱，薰然慈仁接之，终日无惰容，无疾色。人人亲就之。有讼阋，质先生，或望庐而返，或造门得片言立解。所结社诸君皆善饮，先生不饮，而饮人以和也。士之有文者，乡大夫之仕若隐者，见之必敬而不曲阿，侃侃持论有过，虽昵者、尊者规切不讳。江应泉敬先生，数语其子汝谊，此古之真儒也。

通过这样的记载，我们了解了一位普通商人可贵的一面。

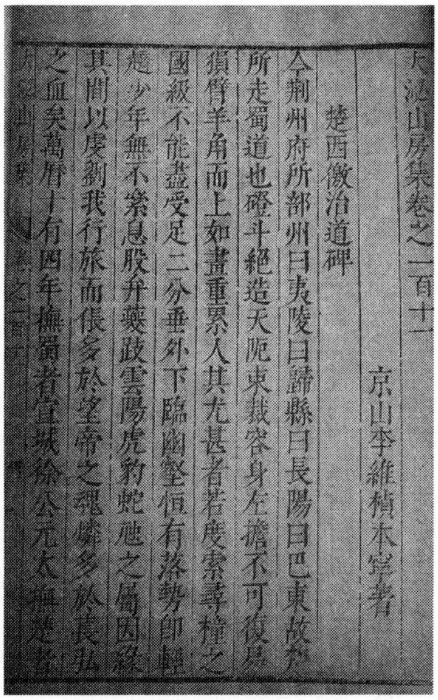
大泌山房集卷之一百十一
京山李維楨本寧著
楚西徼治道碑
今荆州府所部州曰夷陵曰歸縣曰長陽曰巴東故楚
所走蜀道也磴斗絕造天阨束僅容身左擔不可復易
損臂羊角而上如畫重累人其尤甚者若庋索尋撞之
國級不能盡受足二分垂外下臨幽壑恒有落勢即輕
趫少年無不絫息股弁褻跂雲陽虎豹蛇虺之屬因緣
其間以虔劉我行旅而倀多於望帝之魂嫠多於萇弘
之血矣萬曆十有四年撫蜀者宜城徐公元太與楚撫

李维桢《大泌山房集》书影

在我们今天看来，文人给商人写一篇传记是很普通的事，可这在几百年前可需要很大的勇气啊。因为传统社会士农工商的地位一直没变，商人总是遭人冷眼。一大批所谓正统人士都像前述的唐顺之一样，对商人以及普通小民极其鄙夷，不屑一顾，更别说为他们立传了。而汪道昆和李维桢为这么多商人撰写寿序、传记、像赞、墓表、墓志铭等，介绍他们、宣传他们甚至歌颂他们，说明汪道昆和李维桢思想的进步和开明。不仅如此，汪道昆还借给商人写传的机会，进一步表达自己的主张。例如，他在为一商人写的墓志铭中就公开声明：“良贾何负闳儒！”就是说一个坚持商业道德、经营很成功的商人并不比一个学富五车的儒士差。明代另一位著名学者李梦阳也说：“士商异术而同志，以雍行之艺，而崇士君子之行，又奚必于缝章而后为士也”。意思是说，士和商虽然是两个职业，但他们的志向是一致的。一个商人如果崇尚君子之行，以儒道经商，那他就是一位“士”，何必非要戴儒冠、穿儒服才是士呢？

当然，除了他们两人外，还有不少文人学者也为徽商写了各种文字。正是在这些开明先进的文人的鼓吹之下，商人的种种事迹才得以保存、流传，商人的群体形象，才逐步被人理解，商人的社会地位才逐步得到提高，可以说，这是文人对商人最大的回报。

抚孤葬友见真情

文人与徽商的友谊在程晋芳逝世前后更突出地表现出来。

程晋芳是徽州歙县人，自他的高祖起就到扬州经营盐业，后来在淮安定居，积累了大量资本，是一个富有的家族。虽然程晋芳从小就失去父母，但还是继承了一份偌大的家业，继续从事盐业经营。

说来也怪，程晋芳继承了那么大的产业，本可以成为一个著名的商人，过着十分舒坦的日子，可他就是不愿经商，从小就酷爱读书。他把盐业交给家中的仆人去经营，自己却潜心治学。为了读书，当然就要买书，只要遇到好书，不管多贵他也要买，家中的钱大多用来买书，日积月累家中买了五万多卷书籍。在这些图书的滋润下，程晋芳也渐渐成了一位大诗人、学问家。

文人总爱与文人交往。程晋芳与当时的大学者、大诗人如袁枚、赵翼、蒋士铨等这些国内名流过从甚密，诗歌唱和无虚日。交往之中，程晋芳的学问日益长进，名声也不断提高。他一心想参加科举，虽屡屡受挫，但从不灰心，百折不挠。皇天不负苦心人，乾隆二十七年(1762)，皇帝召试江南诸生，程晋芳以优异成绩被特赐举人，授内阁中书，先见习，与考取候补人员挨次补用。这一年程晋芳已经四十五岁了。但程晋芳并不满足，他最大的愿望是能够考中进士。十年后，乾隆三十六年(1771)程晋芳在五十五岁时终于成了一名进士。由于他的渊博学问，很快被召参与修纂《四库全书》，并钦命改授翰林院编修。大诗人袁枚有诗道："束发愔愔便苦吟，白头才许入词林"。虽然已经"白头"了，但毕竟实现了梦想，程晋芳还是很幸运的。

但他的盐业生意就不幸运了。由于程晋芳的所有精力都放在读书治学上，生意完全委托给家中仆人打理，自己又从不监管，从不查账，任随家仆侵盗，从而生意越做越差。虽然他家底较厚，但他几十年来就好接济穷人，又好买书，所以老本也就慢慢枯竭了。但程晋芳的爱好没有变，继续买书，即使有一点俸禄，也远不够他花费，乃至渐渐债台高筑。

乾隆四十九年(1784)年，程晋芳六十七岁了，已经垂垂老矣，他必须筹划晚年的生活。他计划晚年在南京度过，所以请大诗人袁枚为他留意南京的房屋。与此同时，催债的人天天上门，甚至骂声不断。更重要的是程晋芳老来得子，如今儿子才只有四岁，将来的生活怎么办？这一切都需要一大笔钱，到哪去借呢？程晋芳首先想到了毕沅。

清代官员、著名学者毕沅像

毕沅当时是陕西巡抚，相当于省长，权高位重，自然也比较富有。他又是个大学者，而且生平最爱礼贤下士，时人评价他："爱才尤笃，人有一技之长，必驰币聘请，唯恐其不来，来则厚资给之"。著名学者章学诚、孙星衍、汪中、段玉裁等皆入幕门下。当时广为流传的两个故事,很能说明他的爱贤若渴。

那时有一位著名诗人黄景仁由于不愿当官,又不知理财,生活十分贫寒。有一天,毕沅读到黄景仁写的"一家俱在西风里,九月寒衣未剪裁"的诗句,深受感动,马上派人送去银子五十两给予接济。黄景仁病逝后,毕沅又出资抚养其老母,还为他整理出版诗集。

祖籍歙县的著名文人汪中与毕沅没有见过面,有一次跑到毕沅的衙门,递给门卫一张小纸条,只说住在某某客店,转身便走。门卫将纸条呈送毕沅,只见纸条上写道:"天下有汪中,先生无不知之理;天下有先生,汪中无穷困之理"。毕沅看罢,哈哈大笑,立即派人送去白银五百两。

清朝大儒汪中像

程晋芳遇到困难当然首先想到了毕沅,更何况他与毕沅早就有所交往,可谓至交挚友了。这年夏天,程晋芳在朝廷告了假,风尘仆仆地赶到陕西,一路上逼债的人也都闻讯跟随而来。

毕沅自然热情接待这位老友,但程晋芳心情一直不好。六十七岁的老人在这烈日炎炎的夏季,一路颠簸而来,身边又有很多逼债之人,这往后的日子怎么过啊?心情郁闷加上炎热劳累,正像好友袁枚在事后一首诗写的那样:"烈火烧其心,炎风炙其躯,行年六十胸烦纡"。程晋芳一到巡抚衙门就病倒了。毕沅找了最好的医生给他治疗,也不见好转。就这样,拖了一个月竟然撒手归天了。

无论是谁,摊上这样的大事,可真够麻烦的了。但事已发生,总得面对。毕沅真不愧是程晋芳的挚友,首先是治丧。毕沅流着热泪,亲视含殓,一切都按照最隆重的礼仪将自己的好友入殓。程晋芳生前曾表示将要到南京归老,所以毕沅就派专人千里迢迢扶着棺木送到南京下葬,完成老友的宿愿。看到这一切,连路人都啧啧称道:“如此异乡死,哀荣胜故乡”。

清代著名诗人袁枚像

程晋芳走了,留下的孤儿寡母怎么办?他们在南京可是连栖身之地也没有啊!毕沅又拿出钱来托人给他们在南京买了房屋,供母子俩居住。毕沅又想到,他们母子未来的日子怎么过?为了策划一个稳妥的办法,毕沅拿出二千两银子,交给值得信赖的桐城义士章淮树,让他替程晋芳夫人经营,并规定只能使用利息,不准动用本金。待到十年后,等程晋芳儿子长大了,再亲手将这笔银子交给他。可见,毕沅为老友想的是多么周到啊!

乾隆四十九年七月二十四日,袁枚的私家园林随园风和日丽,袁枚邀集了众多友人见证了以下场面:章淮树携着程晋芳的孤儿和遗孀,当着众人的面,按照毕沅的吩咐,写好文书,庄严地签字画押,然后大家共同合唱《得宝歌》。众人欢呼,意味着程晋芳的孤儿遗孀从此有了生活保障。大诗人袁枚也当着众人的面,把程晋芳生前欠他五千两银子的借条也付之一炬,以后又不断接济程晋芳的孤儿,可见他们之间友谊的深厚。

程晋芳虽然不幸逝世了,但由于遇到像毕沅和袁枚这样义高千秋的朋友,后事安排得妥妥当当,程晋芳可以含笑九泉了。

商士之谊(张贝贝绘图)

第三章　徽商与园林

扬州以园亭胜

清代有个文人叫刘大观，山东人，工诗善书，风流倜傥，曾做过知县。他酷爱游山玩水，大江南北各地名胜，都留下他的足迹。文人游览，除了赋诗挥毫外，还喜欢比较。他曾就杭州、苏州、扬州这三处做了一个比较，说出了这样经典的话："杭州以湖山胜，苏州以市肆胜，扬州以园亭胜，三者鼎峙，不可轩轾"。认为三地各有特色，难分高下。此论一出，获得了人们的普遍首肯。

"扬州以园亭胜"，就是说扬州的园林亭阁之美超过其他任何地方。扬州为什么会形成这一特色，这就不能不说到徽商了。

在徽商从事的各行各业中，盐商是最先富起来的。而扬州由于是国家两淮盐场盐运机关所在地，所以经营两淮盐业的徽州盐商又都以扬州为大本营，长期居住在扬州，有不少徽商甚至就在扬州落籍了。

衣食住行，人之大事。当人们衣食无忧时，必然想到要改善居住环境，所以也就是买房或建房了。而明清时期富埒王侯的徽州盐商们，就不是简单地买一"鸽子笼"了。他们对居住环境有着更高的追求：要有树、有花、有山、有水、有亭、有阁、有楼、有榭，要能游观，更能聚会，甚至还可演戏观剧，等等，于是扬州的园林建筑应运而生。

郑元勋影园局部

扬州的园林建筑浪潮与徽商致富时间是同步的。明代中后期，随着盐业的发展，一批盐商富起来了，其中当然多为徽商。明朝末年，扬州已建造了好些园林。其中最美最著名的恰恰就是徽商郑氏家族四兄弟建的四大园林，即郑元勋的"影园"、郑侠如的"休园"、郑元嗣的"嘉树园"和郑元化的"五亩之园"。

郑氏四兄弟出身于徽商世家，祖父郑景廉一开始在池州经商，后来与叔祖一道举家迁到扬州，涉足盐业，从此走上致富之路。到父亲郑之彦这一代已是扬州著名的大商人了。郑之彦自幼聪慧，记忆力超强，叔父起初带着他经营。有一次数十人向他叔父贷款，当时由于繁忙没来得及记录，到了傍晚，叔父急了，谁知道郑之彦在旁淡定地说："我都记在心中"。叔父哪里相信，要他一笔一笔写下来，第二天与借贷人一一核实，竟丝毫不爽。叔父惊呆了，认为郑之彦确是个人才，于是极力向哥哥郑景廉推荐，培养他读书。先后延请名师执教，先入仪征县学，再以成绩高等入扬州府学，后又入南京国子监学习。虽然他的文章受到老师的嘉奖，名声也日益高涨，但科举之途却很不顺，加上父母、叔父相继去世，只得弃儒从商，挑起家业重担。由于他文化很高，熟悉历史，极具经商才能，迅速积累了巨额财富。本来他家五世同堂，到他这一代开始分家析产。四个儿子各自分得丰厚的家产，从而建造了四个园林。

四大园林中，最有名的是影园和休园。

影园是老二郑元勋所建。该园独特之处是建在城西一个湖中长岛上。前后夹水，隔水望去，对面的蜀岗蜿蜒起伏，尽作山势。湖中柳荷千顷，萑苇生之。初建时恰好大书法家董其昌来访，他看到未来建成的园林，四面环水，到处都能看到柳影、水影、山影，所以大笔一挥，将此园题为“影园”。“影园”是花了十几年的功夫才建成的，是我国当时著名的园林设计家计成一手设计的，充分体现了当时因地制宜、因势设景的理念。

园门东向，隔水南城脚岸，皆植桃柳，人呼为小桃源。进入门内，山径数折，松杉密布，间种以梅、杏、梨、栗等各种果树。小山

郑侠如休园局部一

尽头，左有荼蘼架，架外丛苇，渔罟所聚。右有小涧，隔涧疏竹短篱，篱笆都以古木为之。围墙挑选那些色斑似虎皮的乱石砌成，人呼为虎皮墙。小门有二，门又是以盘屈如虬龙的古木根为之。入古木门，小径两边都是高高的梧桐。再入门，就看到门上嵌有董其昌题写的“影园”石额。转入，穿径多柳，柳尽过小石桥，折入“玉勾草堂”。堂之四面皆池，池中有荷池，外堤上多高柳，柳外长河，河对岸又多高柳，柳间为闫园、冯园、员园与影园隔河相望。小河南面通津临流，为“半浮阁”，阁下系园舟，名曰“泳庵”，登舟可溯水游览。堂下有蜀府海棠二株，池中多石凳，人呼为“小千人坐”。水边栽了很多木芙蓉，池边也栽有梅花、玉兰、海棠，桃石隙间种了兰蕙及虞美人、良姜、洛阳诸花草。由曲板桥穿柳中得门，门上嵌石刻“淡烟疏雨”四字，入门，经曲廊左右二道入室，室三楹，庭三楹，这里就是郑元勋平时读书处。窗外大石数块，芭蕉三四本，莎罗树一株，以鹅卵石布地，石隙皆插栽海棠。室左上阁，与室大小相似，登之可望江南山。庭前多奇石。室的拐角又安放了两块岩石，岩上植桂，岩下牡丹垂丝，海棠玉兰，黄白大红；宝珠山茶磬口，腊梅千叶，榴青白紫薇香橼，可谓春夏秋冬，四时之色皆备。

影园今貌

石侧启扉一亭，临水有姜开先题“菰芦中”三字。山阴书法家倪鸿宝题的“漷翠亭”三字也悬于此。亭外为桥，桥上有亭，名“湄荣”。连接亭屋又有一阁，曰“荣窗阁”。阁后有小径二，一入“六方窦”，室三楹，庭三楹，曰“一字斋”，可以在此静静读书。阶下栽有古松一，海榴一，旁有一台，环台上下皆种牡丹、芍药。隔垣见石壁二松，亭亭天半，对六方窦为一大窦，窦外曲廊，有小窦可见丹桂，即出园别径。半阁在湄荣后径之左，有当时著名文人陈继儒题写的“媚幽阁”三字，阁三面临水，一面石壁，壁上多剔牙松，壁下石涧以引池水入畦，涧旁皆大石怒立如斗，石隙俱栽五色梅，绕三面至水而穷，一石孤立水中，梅亦就之。

以上就是时人所记全园的景况，可以想象，这样的园林多么美好，难怪当时全国多少著名学者、文人骚客来到扬州，一定要到此园一游，个个又都流连忘返了。

郑侠如休园局部二

与影园齐名的还有休园，乃四弟郑侠如所建。侠如文名与兄元勋相等，遐迩皆知。也是自幼读书，曾中会试副榜，副榜即于本科录取的正榜外，再选若干人列为副榜。若按洪武旧例，应赐同进士出身。但侠如力辞南归侍养祖母，一年后祖母去世，朝廷又擢其为工部官员，不多久，他又辞官归里，过起亦儒亦商的生活，休园就建于此时。

为何取名“休园”？有人说前人孙昉曾自称“四休居士”，有“粗茶淡饭饱即休，补破遮寒暖即休，三平两满过即休，不贪不妒老即休”之语，侠如可能以此命名。但他的好友计东不同意这种说法，他认为休之字义有二：曰止，曰美。而美莫大于知止，侠如先生守正不回，急流勇退，这才是侠如名园为“休”之意。此说颇有道理。休园在扬州流水桥畔，占地五十亩。南向，在所居住宅后间一街乃为阁道，而下行如坂，坂尽而径，径尽而门，门内为休园。此园是买朱氏花园而建，住宅后本有“含英阁”“植槐书屋”“碧厂耽佳”“止心楼”诸胜景，在此基础上侠如又新建了“空翠山亭”“蕊楼”“挹翠山房”“琴啸”“金鹅书屋”“三峰草堂”“语石樵”“水墨池”“湛华卫书轩”“含清别墅”“定舫”“来鹤台”“九英书坞”“古香斋”“逸圃”“得月居”“花屿”“云径绕花”“源玉照亭”“不波航”“枕流城市山林”“园隐”“浮青”诸胜。当时全国闻名的书法家文震孟、徐元文、董香光都纷纷为这些景点题额。“止心楼”下有美人石，楼后有五百年棕榈，墨池中有蟒，“来鹤台”下多产药草。单从这些景点来看，可知休园是相当美的。

郑侠如休园局部三

到了清代，尤其是康熙、雍正、乾隆这一百三十几年，是清王朝的鼎盛时期，扬州盐业更是如日中天，盐商之富，可以敌国。园林兴建也以此时为盛。乾隆时，颇具规模的园林数以百计，从北郊到平山堂，处处园林，时有“两堤花柳全依水，一路楼台直到山”的称誉。当时，康熙、乾隆两位皇帝在位期间，频频南巡，而每次都要驾临扬州，两淮盐商均竭力奉承，“凡有可悦上意者，无不力致之”。除了承担一切供应，并“大构架，兴宫室，建园池，营台榭，屋宇相连，矗似长云”。仅以徽商所建而言，突出的就有汪氏九峰园、黄氏四兄弟的易园、十间房花园、容园、别圃，还有洪氏园林和江氏园林。

汪氏是歙县人，在扬州业盐，他买得九莲庵地，建别墅曰“南园”，有“深柳读书堂”“谷雨轩”“风漪阁”诸胜。乾隆二十六年(1761)，他用重金买得太湖石九尊，大者逾丈，小者及寻，玲珑嵌空，窍穴千百，众夫辇至，因建“澄空宇”“海桐书屋”，更围“雨花庵”入园中，以二峰置“海桐书屋”，二峰置“澄空宇”，一峰置“一片南湖”，三峰置“玉玲珑馆”，一峰置“雨花庵”屋角，赐名“九峰园”。乾隆南巡，来到“九峰园”游览，大加赞赏，题写御制诗二首：

> 策马观民度郡城，城西池馆暂游行。平临一水入澄照，错置九峰出古情。雨后兰芽犹带润，风前梅朵始敷荣。忘言似泛武夷曲，同异何妨细致评。
>
> 观民缓辔度芜城，宿识城南别墅情。纵目轩窗绕野趣，遣怀梅柳入诗情。评奇都入襄阳拜，笔数还符洛社英，小憩旋教追烟舫，平山翠色早相迎。

黄氏园林是指在扬州业盐的徽商四兄弟所建，四兄弟是指黄晟、黄履暹、黄履炅、黄履昴，号称“四大元宝”，他们业盐致富，各自修建园林。黄氏兄弟以构建名园而闻名，据说他们曾以千金购得秘书一卷，

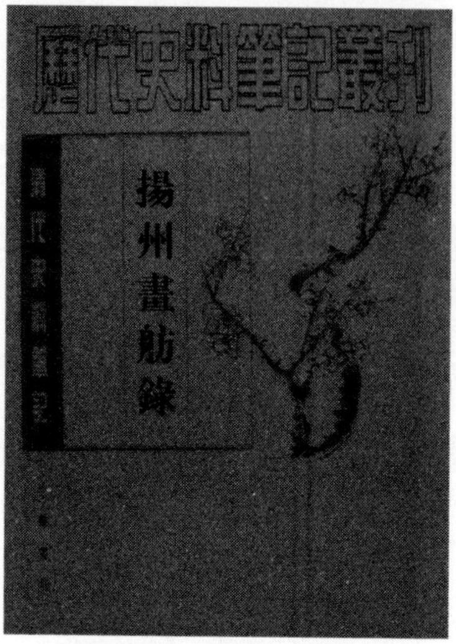

清《扬州画舫录》中记载了很多扬州园林情况

为造制宫室之法，“故每一造作，虽淹博之才，亦不能考其所从出”。黄晟筑有易园，在园中组织人员刻了大量的书籍。黄履暹建有十间房花园，延名医叶天士于其家，与王晋三、杨天池、黄瑞云诸人考订药性。于倚山旁设青芝堂药肆，刻医书《圣济录》，又为叶天士刻《叶氏指南》一书。扬州四桥烟雨、水云胜概，则是他的北郊别墅。黄履炅建有容园，黄履昴则建别圃。

徽州盐商洪氏，号称淮商巨擘，曾助饷百万，朝廷赐二品头衔，当然只是虚职，但也足以抬高他的身份了。其起居服食，超过王侯。洪氏建有非常精美别致的园林，常常邀请文人学者前来游览。据当时文人吴炽昌介绍，他曾有一次和同事数人应邀造访，详细记载了洪氏园林的情况，读来让人惊叹。他这样写道：

园林中的建筑，高爽干燥，楼阁壮丽，就不必说了。我们刚到，主人恭敬地出来迎接，委婉曲折，约历十数重门，入一院，小山玲珑，种植有素兰、茉莉、夜来香、西番莲数十种花卉，以白石琢盆，梓楠为架，排列成行，咸有幽致。正南小阁三楹，前槐后竹，垂荫周匝。阁中窗户尽除，悬水纹虾须帘箔，望之洞虚缥缈。卷帘入内，堂中悬挂明代著名书画家董其昌的《雪景山水图》，配以赵子昂联句，下铺紫黄二竹互织“卍”字地簟，左右棕竹椅十六，磁凳二，磁榻一，以龙须草为枕褥，棕竹方几一，花栏细密，以锡作屉，面嵌水晶，中畜绿荇，金鱼游泳可玩。两壁皆以紫檀花板为之，雕镂山水人物，极其工致。空其隙以通两夹室，室中满贮香花，排五轮大扇，专人负责运轮转轴，风从隙入，阁中习习披香，忘其为夏。

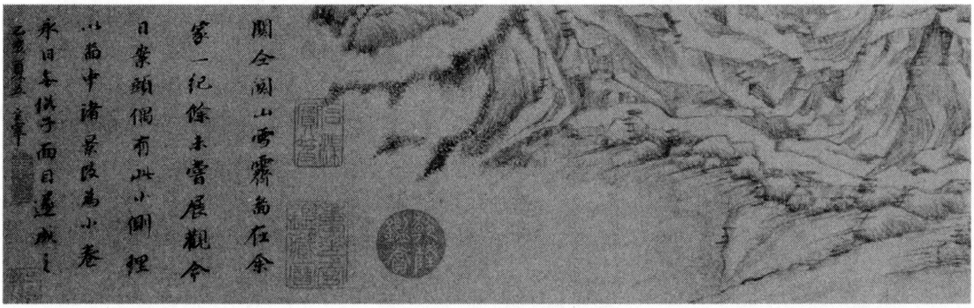

董其昌《关山雪霁图》

未几，迎客入苑囿，园中丘壑连环，亭台雅丽，目不暇给。于是绕山穿林，前有平池，碧玉清波，中满栽芙蕖，红白相间，灼灼亭亭，正含葩欲吐时矣。缘堤而东，千树垂杨之下，别有舫室。渡板桥而入，为头亭，为中舱，为梢棚，宛然太平艘。窗以铁线纱为屉，延入，荷香清芬扑鼻，其椅桌皆湘妃竹镶青花瓷面为之。舱中两筵已具，肃客就坐，筵上安榴、福荔、哀梨、火枣、苹婆果、哈密瓜之属，一半都是罕见的水果。其器具皆铁底哥窑，沉静古穆。客人依次坐下，开始用餐。每位客人都有两名面貌姣好的男童服侍，一人负责送茶端水，一人负责送餐。每位客人面前放一器，常供之雪燕、冰参以外，驼峰、鹿臠、熊蹯、象白，珍错毕陈。接着，进来一群有闭月羞花之貌的年轻女子，妙舞清歌，追魂夺魄。酒数行，热甚，主人命仆布雨。顿时，甘霖滂沛，烦暑顿消。从窗隙窥之，则池面龙首四出，环屋而喷，宴毕雨止。原来喷雨之龙，是洋夷制皮为之，掉入池中，一人坐其背，鼓水而上也。

读到这里，盐商的奢华，园林的精美能不令人惊叹吗？

小玲珑山馆

清朝曾有人评价说，康熙、雍正年间，扬州城内三位“通人”皆有名园，所谓“通人”是指学识渊博、贯通古今的人。三位“通人”的名园，一是江都汪懋麟（字季角，号蛟门）的“百尺梧桐阁”；一是徽商马曰琯的小玲珑山馆，一是徽商江春的“康山草堂”。

恢复后的扬州马氏小玲珑山馆

我们就先说说小玲珑山馆。小玲珑山馆的主人是马曰琯（1687—1755）、马曰璐（1701—1761）兄弟，人称“二马”。他们是徽州祁门县人，先辈早就来到扬州经营盐业，也就将家迁移到这里。经过几代人的艰苦奋斗，终于积累了丰厚的家产。兄弟二人都非常聪明好学，从小就受到良好的教育，打下了非常扎实的传统文化根基。家长给他们铺就了一条读书入仕之路，但由于科考不顺，只得继承父业，走上经商之路。所以兄弟二人不仅满腹经纶，而且家产巨万。提到“二马”，真可谓无人不知，无人不晓。

物质生活富裕了，当然就开始追求精神生活了。“二马”交友极广，他们对传统文化的强烈兴趣，自然与各地的文人雅士结下了深厚的友谊。只要来到扬州，无不拜访“二马”。加上扬州的文人本来就多，所以“二马”家中真正是“谈笑有鸿儒，往来无白丁”了。随着扬州造园风气的兴盛，“二马”也在考虑“卜筑别墅”，以作为“扫榻留宾”之所了。

他们终于看中了一座前人的废园，这座废园虽坐落在市内，但却能闹中取静，无“尘俗之嚣”，又离他们住的街南不远，颇适“往还之便”。而且，站在这里，东可眺蕃釐观之层楼高耸；西可瞻谢安宅之双槐犹存；南可闻梵觉之晨钟，俗心俱净；北可望梅岭之荒戍，碧血永藏（清初史可法在扬州抗清，英勇捐躯，后人将其衣冠葬在城北梅岭上）。以古今胜衰之迹，佐宾主杯酒之欢，真是再好不过了。于是他们决定花重金买下这座废园，就把别墅建在这里。

儒商治园，真的非常考究。他们不仅要求园林景美，而且要实用，富于诗意。既能游览观光，又能读书治学，还能会友留客，他们和工程师一起设计、讨论，不断修改完善方案，于是“鸠工匠，兴土木”，经过三年的时间，大约在雍正十二年（1734）园林终于建成。

园林从整体上看，确实非同一般。废园本来就竹木幽深，只不过长年无人管理，杂草丛生，如今砍去杂草，精华毕现。加以新建的楼亭台榭点缀，奇花异石陪衬，真是景色妍美。

现在，我们就进去看看吧。

俯瞰马氏小玲珑山馆今貌

园中有两座楼，一座楼登之可看山远眺，江北诸山，约略可数，遂将其命名为“看山楼”。马曰璐曾有诗赞美“看山楼”：“隐隐江南山，遥隔几重树。山云知我闲，时来入窗户”。还有一座楼用来藏书、读书、治学，由于“二马”家中藏有大量的图书，而且很多精本、善本、孤本，乾隆时国家纂修《四库全书》，号召各地献书，马氏由于献得多，乾隆皇帝特赏赐《古今图书集成》丛书一套五千多卷，就贮藏在此楼里，所以就把此楼命名为“丛书楼”。园中还有两个轩，一为盛夏至此，凉风习习，可以披襟纳凉，题为“透风轩”；一为晴夜临此，皓月当空，三五好友聚集，把酒顾影，其乐融融，于是命名为“透月轩”。来到这两轩，感受到“前后风直入，东西月横陈”。顿时会心旷神怡啊！ 一为“红药阶”，把从亳州移来的芍药栽种一畦，为了浇灌方便，旁边还掘有一“浇药井”，井水可不一般，“井华清且甘，灵苗待洒沃”。井上呢?“井上二杨柳，掩映同翠幕”。普通的一块地，一口井，到这里就成了两个美景了；再一处就是栽种一些名贵的红梅、绿梅，名为“梅寮”，象征着高洁，旁边再以石头叠筑起一个屋形山洞，名为“石屋”，夏日当头，来此石屋，真是“嵌空藏阴崖，不知有三伏”。石屋其上植松，又种上薜萝，从南面的崖壁垂下，阵风吹过，叶子摇曳，婀娜多姿。松涛阵阵，像是瀑布从上而下，“苍松吟天风，静听疑飞瀑”。园中还有一阁，周围栽上修竹，竹叶随风沙沙作响，命名为“清响阁”。马曰璐有诗赞曰：“林间鸟不鸣，何处发清响。携琴石上弹，悠然动遐想”。还有一

丛书楼今貌

个庵，庵中有百年老藤，盘根错节，形如怪龙，每年春天，老藤上花儿齐放，星星点点，煞是好看，于是将些庵命名为“藤花庵”。再往前走，看见一草亭，当然仅一草亭，岂能成景？而这草亭旁边却矗立七方山石，各擅其奇。“七峰七丈人，离立在竹外。”草亭配奇石，顿觉与众不同，故命名为“七峰草亭”。草亭四隅相通处，又建有长廊环绕，暇时小步其间，“寂寂无人声，林阴正摇曳”。此时搜索诗肠，冥思苦想，真是吟咏觅句的好地方，所以将此廊题为“觅句廊”。

这就是“二马”园内鼎鼎有名的十二景。

马氏小玲珑山馆中的玲珑石（局部）

园林总得有个名字吧，“二马”本来认为，此园地处街南，就叫做“街南书屋”吧。谁知就在这时他们得到了一方太湖巨石，立马又有新的想法了。

说到这方巨石，那可了得！马曰璐说：“其秀美与真州之美人石相埒，其奇奥偕海宁之绉云石争雄，虽非娲皇炼补之遗，当亦宣和花纲之品”。他认为如果不是传说中的女娲炼石补天遗留下来的石头，也应是当年宋徽宗从全国征调奇花异石的品物。宋徽宗为了满足自己的喜好，下令全国各地搜罗奇花异石，以“花石纲”运到京城汴梁（今开封），“纲”意指一个运输团队，往往是十艘船称一“纲”。石头高丈余，玲珑剔透，奇妙无比。相传北宋大书法家米芾（1051—1107）在无为州见一奇石，具衣冠而拜之，呼为“石丈”。明末清初还有一个爱石的文学家叫冒襄（号巢民），他在自己的“水绘园”废后，另置别墅，曰“匿峰庐”，恨不得将山峰藏在室内。所以马曰璐认为，这方奇石，“米老见之，将拜其下；巢民见之，必匿于庐”。可见其妙不可言。清雍正年间甘泉县令龚鉴获得这方奇石，他深知“二马”爱石，于是将它赠送给他们。“二马”兄弟得知后，欣喜异常，不惜重金将其运到扬州自己的园林，成了他们的镇园之宝。

有了这方奇石，“二马”就将园林命名为“小玲珑山馆”。园林建成后，不知多少文人耆宿来此游览、雅集，吟哦唱和，研究学问，留下了很多脍炙人口的诗篇。“小玲珑山馆”也在我国园林史上、文学史上留下了浓墨重彩的一页。

江春园林的荣幸

盐商江春歙县老宅复原图

提起江春(1720—1789),两淮盐业的商人们可谓如雷贯耳。江春是盐界大佬,从祖父辈就在两淮经营盐业致富。江春自幼读书,警敏聪慧,文章写得很好,尤其善于作诗,本来是要走科举入仕之路,但时运不济,科场失利,于是转到盐业。由于他文化素质高,练达多能,才略雄骏,举重若轻,又熟知国家盐业政策,深得盐政官员信赖,也得到广大盐商的尊重,所以被推举为总商。众商开会时,只要他每发一言,定一计,群商无不赞同,拱手画诺而已。国家有大典礼及工程灾赈,只要上官有所筹划,江春皆能指顾集事,办得妥妥帖帖。所以他在总商任上,一干就是四十年。

总商当然很富有,加上江春又是文化商人,更是对园林十分考究,所以他在扬州建造了多处园林,如随月读书楼、秋声馆、江家箭道、水南花墅、深庄、净香园、东园以及康山草堂等,在这众多的园林中,尤以康山草堂最为著名。

徽商江春在扬州的康山草堂

其实,扬州并没有什么石山,更没有高山。扬州为盐贾所居,风尚侈靡。清代有一官员崔应阶曾写诗讽刺:"青山也厌扬州俗,多少峰峦不过江"。其实把扬州没有高山归罪于扬州盐商的侈靡,当然这只是文人的想象,但扬州确实没有高山,只有三个土山,即平山、浮山及康山。而康山之所以称其为山,乃是因为明永乐年间,平江伯陈宣疏浚运河,改道由城之东南,委土于侧,隆起成土山。几百年过去了,山上有古树名木十余株，都是老干虬枝，古藤倒垂，每到春夏时，绿荫深深，十分幽静。据说康山的得名源于明代的康海。康海，字德涵，号对山，陕西人。他是弘治十五年(1502)的状元，任翰林院修撰，也是明代文学家，曾以诗文名列“前七子”之一，因为他曾在此读过书，人们就将这个土山名为康山。江春的园林就是傍康山而建，故称康山草堂。

说是草堂，可不是一般的茅草屋，它却是相当著名的园林啊！康山草堂最晚成，而最有名。

由于历史记载的缺失，我们已不能得知康山草堂的原貌了，但从时人的记载中，我们还是可以窥知一二的。草堂既有林亭之峙，又有水木之饶。列雉所环，一篑隆起，大河相对，群帆翼如。康山草堂落成后，江春经常邀请全国各地来扬或寓扬的文人学者前来游览，他们曾留下了大量的诗篇。如著名学者赵翼曾写下《江鹤亭方伯招同松崖、未堂、蓬庵、松坪、棕亭、春农游康山即事》一诗记其事：

扬州城外园无数，探奇须约出城去。城中乃有好岩阿，传是对山流寓处。对山已往池馆空，谁擅此胜鹤亭翁。购时不过数椽屋，因之试手开玲珑。有如沧浪苏子美，四十千买地百弓。后归蓟王子孙手，结构遂甲三吴中。主人开筵大召客，邀我来游览名迹。……

“结构遂甲三吴中”，就说明了康山草堂确是当时园林中的佼佼者。

《水窗春呓》的作者也认可这一观点，他在卷下中云：“扬州园林之胜，甲于天下，由于乾隆朝六次南巡，各盐商穷极物力以供玩赏，计自北门直抵平山，两岸数十里楼台相接，无一处重复。其尤妙者在虹

《水窗春呓》书影

桥迄西一转，小金山屹立其南，五顶桥锁其中，而白塔一区雄伟古朴，往往夕阳返照，萧鼓灯船，如入汉宫图画。盖皆以重资广延名士为之创稿，一一布置使然也。城内之园数十，最旷逸者，断推康山草堂”。

正因为康山草堂是私家园林中的典范，所以乾隆四十五年、四十九年两次南巡，都曾来到康山草堂游览。由于园林的整体设计、亭阁台榭的独特风格深得皇帝欢心，乾隆欣然挥毫赐诗，写下了《游康山即事二首》《游康山》等诗，还为康山草堂重新题额。其中《游康山》诗云：“新城南界有山堂，遗迹其人道姓康。曾是驻舆忆庚子，遂教题额仿香光。重来园景皆依旧，细看碑书未异常。述古虽讹近文翰，一游精鉴不妨详”。于是，康山草堂名声大振，传遍江南。

这在当时是罕见的荣耀啊。

除了康山草堂以外，江春还建有多处亭园别墅，时有诗人张鉴，在游览了江春的别墅后，曾诗兴大发，写下了组诗《题扬州江氏别墅十八首》，列出了江春别墅中的十八景：康山草堂、养苔迳、沤馆、连理玉树堂、学圃、秋声馆、穆陀轩、卧松原、辟莱堂、紫玲珑阁、数帆台、裂帛涧、对山楼、鹤樊、结绿泉、践约亭、引萝梁、随月读书楼。其实还有江家箭道、水南花墅、深庄、净香园、东园等。

其中有些园林就是为了迎接皇帝南巡而修建的，如乾隆二十七年（1762）南巡，事先江春就花大力修治虹桥东之园，供皇帝游览。该园

徽商与园林（张贝贝绘图）

本名“江园”，园门在虹桥东，进了园门，只见竹树夹道，竹中构筑小屋，称为“水亭”。亭外建有“清华堂”，正临水际，左右一联云：“芰荷叠映蔚，水木湛清华”。后有“青琅玕馆”，其外为“浮梅屿竹”、进为“春雨廊”“杏花春雨”之堂，堂后为“习射圃”，圃外为“绿杨湾”，又是一联：“金塘柳色前溪曲，玉洞桃花万树春”。水中建亭，额曰“春禊射”，再见一联：“柳占三春色，荷香四座风”。圃前建敞厅五，楹上乾隆皇帝赐名“怡性堂”。堂左构子舍，仿西方营造法，中筑“翠玲珑馆”，出来又是“蓬壶影”，其下即“三卷厅”，旁为“江山四望楼”，楼之尾接“天光云影楼”，楼后朱藤延蔓，旁有“秋晖书屋”及“涵虚阁”诸胜，又有“春波桥”，桥外有“来薰堂”“浣香楼”“海云龛”“舣舟亭”，桥里有“珊瑚林”“桃花馆”“勺泉”“依山”二亭，由此入“筱溪莎径”而至“迎翠楼”。江园门与西园门衡宇相望，内开竹径，临水筑曲尺洞房，额曰“银塘春晓”，园丁于此为茶肆，呼曰“江园”，水亭其下多白鹅。

康山草堂局部

园建好了，皇帝来了。在江园内漫步游览，看到这步移景换、与康山草堂迥然有别的园林，龙颜大悦，欣然命笔，将此园题为“净香园”，并赋诗两首：

满浦红荷六月芳，慈云大小水中央。
无边愿力超尘海，有喜题名曰净香。

雨过净依竹，夏前香想莲。
不期教步缓，率得以神传。
几洁待题研，窗含活画船。
笙歌题那畔，可入牧之篇。

乾隆还赐给江春福字、金玉如意等。

九五之尊的皇帝如此赞赏江春的园林，使得它们名传遐迩，成为路过扬州的文人墨客流连忘返之地。

不疏园——皖派汉学的摇篮

明清时期，徽商建造了很多优雅别致的园林，徽商建造园林，倒不是仅仅只供自己娱乐享受，大多是为朋友聚会、子弟读书、自己治学提供一个静雅、舒适的场所。像扬州二马兄弟的小玲珑山馆、江春的康山草堂等就是这样。徽商园林这一学术功能发挥得最好的要数清代乾隆初期在徽州歙县西溪汪氏所建的“不疏园”。

歙县西溪是歙县西边的一个小乡村，东距县城约六公里，西边紧邻另一村庄——贞白里。西溪和贞白里两个村庄屋宇相接，道路相

歙县西溪村

通,基本上联为一体,所以古今都合称为郑村。贞白里主要是郑氏宗族居住,西溪主要是汪氏宗族居住。这两个村庄在历史上都很有名。郑村由于郑千龄、郑玉父子的郑氏喉科而闻名遐迩。郑千龄在元末虽然一辈子最高只做到七品县官,但由于他坚持操守,多有惠政,死后私谥“贞白先生”,民众自发为他立坊旌表,并将原村名“善福里”改为“贞白里”。其子郑玉精通儒学,绝意仕途,专事讲学,满园桃李。郑氏喉科,悬壶济世,代代相传。西溪则是因为富商汪氏建造的不疏园而名垂青史。

不疏园是汪泰安大约在乾隆初年一手建造的。汪泰安的父亲汪景晃(1666—1761)是位盐商,二十二岁就弃儒服贾,带着百两银子到浙江兰溪经商,由于善于经营,事业蒸蒸日上,到五十岁时已经挣得一份偌大家业。这时汪景晃就把产业交给儿子,而自己回到家乡,一心扑在济世利人的事业上。族中之孤苦者每月定时给予粮食,设茶汤以待行旅,冬寒无衣者给之衣,疾病无医药者给以药,贫不能上学者设义学,死而无棺者给之棺,年年如此,到他九十高龄时他已共花费一二万两银子,光是棺材就给了三千多具。汪景晃一心施济,不问家中钱财,常常搞得家中拮据不堪,汪泰安又不忍心告诉父亲,只好和母亲商量。母亲就拿出当年出嫁时的首饰变卖几千两银子用来扩大生意,以满足汪景晃济人的不时需要。

汪泰安一方面要资助父亲,一方面又不忘教育子弟。好在他主持家政期间，生意比较兴旺，为了给子弟创造一个优雅的读书环境，决定在家乡建一个园林。在他的精心设计下，一个占地约三亩的园林很快就建成了。这就是不疏园。

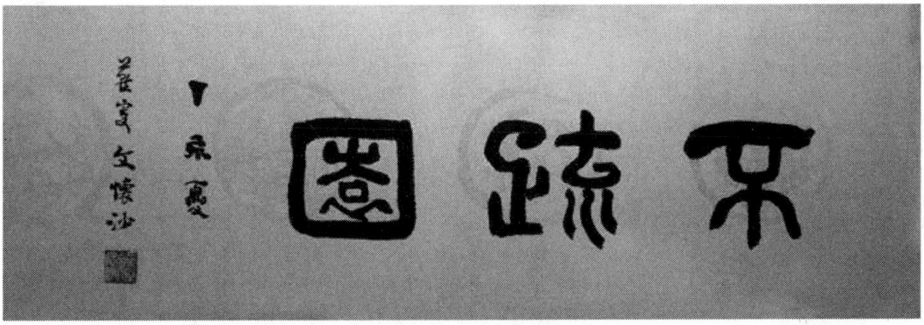

文怀沙题“不疏园”

之所以将此园命名为不疏园，是受陶渊明诗句“暂与田园疏”的启发，汪泰安反其意而用之，意在教育后人虽读书其中，但不要疏远田园，而一味地去追求功名利禄。这与汪泰安平时教育后代为人与治学的思想是一致的。

不疏园今天虽已不存，但从有关资料来看，确实相当雅致。园林建成后，不少文人学者都来此观赏，并写下了赞美的诗篇。从这些诗作中，我们可知园中的一些建筑，如六宜亭、别韵轩、拜经草堂、松溪书屋、山响泉、勤思楼、双桐斋、半隐阁、听雨轩、不浪舟等。可见，园中亭台楼阁，错落有致，树木葱茏，花草扶疏。徜徉其中，漫步曲径，欣赏园景，真令人心旷神怡。

如果以为汪泰安花巨资建造的不疏园仅仅是为了自己或后人怡情娱乐、消遣时光，那就大错了。汪泰安的本意主要就是为了给子弟提供一个静雅惬意的读书场所，让他们在其中一心读书治学。所以园内最重要的建筑应是勤思楼，楼分四室，陈列经史诸子百家之书，汪泰安还斥资购买了大量图书，所以勤思楼内号称“二十四橱书”。坐在楼中，朝东望去，田塍平布数千亩，室庐远近树木参差，人迹马牛，往来如错绣。尤其是楼外天马诸山，葱翠萦缭，每积雨初晴，和风飘拂，其岚光明灭霭如也。如果静夜月明，烟凝漠漠，则又如平湖动荡，人在楼中，如乘艖而泛于其上。楼北开小窗，飞布山、灵金山与黄山天都、莲华诸峰皆争奇献笑，而风雨晦明，境变幻生，莫可名状。这里真是读书治学的好环境。

曾在不疏园读书的戴震

汪泰安建造不疏园，是想让儿子汪梧凤在此好好读书。他深知独学而无友，则孤陋而寡闻。所以他千方百计招请好学之士来园读书，乾隆十七年(1752)并礼聘当时的著名学者婺源的江永来园教授子弟。也在这一年，汪梧凤(28岁)又礼请青年戴震(30岁)来园教授其子汪辉(7岁)、汪灼(5岁)。同时而来的还有休宁的郑牧(37岁)、歙县的汪肇龙(31岁)、程瑶田(28岁)、方矩(24岁)、金榜(18岁)等人。江永这一年已经七十二岁了，他是著作等身的著名经学家、音韵学家、天文学家和数学家，他的到来对这群如饥似渴的青年人来说，真是如鱼得水。他们虔诚地拜江永为师，向他学习经学。这就是人们常说的“江门七子”。

汪泰安给这批人提供了相当好的吃、住、读的条件，使他们能够安心在这里读书、治学。江永一边教读诸子，传授学问，一边利用不疏园的丰富藏书，潜心治学。他在这里住了七年，完成了《算学》《乡党图考》《律吕阐微》《古韵标准》四部重要著作。

“江门七子”在这里认真读书，热烈讨论，相互辨疑解惑，学问都有

清代著名学者江永曾在不疏园任教

了很大长进。师徒之间共晨夕，乐杯酒，雄论古今得失是非，悲歌欢笑辄时时异。真是令人难忘的美好时光。不疏园的主人汪梧凤是一位好学之士，平时居一室，终日不言，正襟危坐读古人书，一心跟随江永研究经学。有一段时期，园内只有他和戴震、汪肇龙三人，他们经常在一起讨论经学，甚至辩论。有时为了辨析一句经义，争得面红耳赤。汪梧凤有点口吃，争论时常常咽塞不能出气，脸涨得通红，须眉甚至都竖了起来。童仆看到这种情形，躲在一旁偷笑，等汪梧凤缓过气来，又继续辩论，直到大家取得共识为止。奇文共欣赏，疑义相与析。在这样的环境里，“江门七子”个个都是学有所成，终于形成了清代学术上的一支重要学派——皖派经学。

所谓“皖派经学”，又称徽派朴学，是清初在徽州出现的由新安理学转变过渡形成的创新学派，其治学方法以求证、求实、求真为特色，成为清代学术的突出代表。学术界公认，皖派经学的奠基者为江永，其集大成者为戴震。而这都是与不疏园分不开的。

戴震在来不疏园之前，已经有所成就，写了一些著作，受到江永的好评。来到不疏园以后，能够直接问道江永，学业大进，不仅著成《诗外传》，而且协助老师商定《古韵标准》四卷、《诗韵举例》一卷。在不疏园里，他又开始音韵学的研究。“终朝握管校礼经”，在经学研究上有长足的进步，被公认为是“江门大弟子”。后来戴震终于成了皖派经学的旗帜,被梁启超誉为“前清学者第一人”。时人在评价他的成就时说,不疏园期间是他学问的重要奠定时期。这是公允的。

江永纪念馆

在经学方面,“江门七子”中除了戴震外,要数程瑶田、金榜成就最大。程瑶田在不疏园师从江永,使得他在经学上打下坚实的基础。后来他的代表作《通艺录》成为皖派汉学中的重要著作。金榜虽然在“江门七子”中年龄最小,但悟性很高,在江永的悉心教导下,英才秀发,所著《礼笺》一书,是皖派汉学中的又一重要著作。该书内容丰富,考证精密,对古代礼制的阐述,甚至可以弥补江永、戴震之缺。

而汪梧凤也成了一位经学大家,所著《诗学女为》二十六卷,对古代律象、地理、人物、典制、音韵、鸟兽、草木、虫鱼之类,“援据该洽,考核精审”,是一部具有皖派汉学特色的著作。

“江门七子”中的其他人后来都在有关领域多有成就,都是皖派经学创立初期的重要力量。

后人在回顾皖派经学的发展历程时无不公认不疏园是其成长的摇篮。

建在西湖上的“园林”

一说到园林，当然都是建在陆地上，但我下面要介绍的园林，却是建在西湖上。奇怪吧？园林的主人又是徽商，他就是明末清初在杭州经商的汪汝谦。

汪汝谦(1577—1655)，字然明，号松溪道人，是歙县丛睦坊人。丛睦坊汪氏宗族是个大族，明代大批族人出去经商，致富崛起较快，一向以收藏历史上的书画鼎彝而著称。但汪氏族人创业时也是很艰难的。就拿汪汝谦来说，从小丧父，可想而知，他家起初也是很困难的。关于他的家世，更多的情况我们不太清楚，也许是他的父辈留下了一份家业，也许是他的兄长一直在外创业，只知道他长大后到了杭州经商，逐渐致富，也就在此定居下来。他非常孝敬母亲，视气听声，几十年如一日。对待兄长姊姊，也是同仁均爱，从无间言。对待同族乡党，他关爱有加。常常慷慨解囊，资助那些穷苦族人办理婚嫁葬埋之事，族人遇上急难，登门求助，他总是伸出援手，有求必应。史载汪汝谦在浙江桐庐县业盐，“急公办课，杜绝私贩，桐民至今赖之”。

汪汝谦教子有方，他的儿子汪玉立举明经，另一儿子汪继昌登顺治六年(1649)进士，官至湖广按察司副使，是一位敢为百姓鼓与呼的官员。

像大多数徽商一样，汪汝谦也是贾而好儒，具有较高的文化素养，身上洋溢着士人的气息。吟诗作赋，挥笔弄文，决不亚于文人士子。著名学者钱谦益评价他：“量博而智渊，几沈而才老，热肠侠骨，囊橐一世之志，气如洑流喷泉，触地涌出”。他虽然是名商人，却著述颇丰。

史载他有《绮咏》一卷、《绮咏续集》一卷、《春星堂集》十卷、《松溪集》《听雪轩集》《梦游草》《闽游诗纪》《咏物诗》《不系园集》一卷、《随喜庵集》一卷、《湖山韵事》一卷、《梦游草》《听雪轩集》《闽游纪事》等诗文集问世,大多为唱和投赠之作,俨然是位诗人,哪像是商人呢?

与其他商人相比,汪汝谦是够幸运的了。经济上他早已赚了个钵满盆满,儿子又成功走上仕途,可以说金钱地位该有的都有了,奋斗了大半生,他觉得自己也该享受享受了。于是当他四十多岁时就金盆洗手,退出商界,去追求一种文人优雅悠闲的生活了。

文人喜聚会,聚会就要有场所。正因为如此,很多具有文人气质的徽商建造了不少园林。但这些园林都是地面上的,汪汝谦别出心裁,想建一个漂在水面上的园林。明天启三年(1623)汪汝谦正好得到一棵大木兰,请匠人斲而为舟,经过汪汝谦的精心设计和几个月的加工,一条画舫呈现眼前。此船长六丈二尺,宽一丈一尺余,虽是单层建筑,但又与众不同。入门几步,是一间可藏百壶美酒的储藏室,再往里走,就见一方丈空间,足以摆设两桌宴席。另有斗室,可供卧吟,旁有壁橱,可藏字画墨宝。步出宴厅,是一回廊,廊尽可登高台,台上置栏张幔,花晨月夕,可登台赏景,俨然就是楼船。

这个画舫当然不是西湖上的第一艘,此前已有不少人都建有画舫。如汪汝谦的近亲汪季玄也是一名商人,就建有"洗妆台",玲珑宏敞,几乎和汪汝谦的这艘差不多大。包观察始创楼船,有两三层。这些

西湖中的画舫

画舫在西湖上确成一景，但在汪汝谦看来，好则好矣，也有不足。由于这些画舫高大，在西湖上遇到桥就无法通过，这样那些更远更幽的景色就看不到了。

汪汝谦的这艘画舫最大的特点是可以灵活组合。当初如建楼台，虽可以登高望远，但却受阻于欹树平桥，不能随意泊舟柳岸，更不能穿行桥下，活动空间受到很大限制。现在改楼为台，而且高台可以拆卸。如遇过桥，或遇大风大浪，可收起围幔，拆卸栏杆，又成了一条普通的船。可见汪汝谦想得实在周到。

船建成了，给它起个什么名呢？汪汝谦想到了好友陈眉公。陈眉公即陈继儒，他可是个名震遐迩的文学家、书画家，华亭（上海松江）人。因鄙夷做官，故二十九岁就隐居起来，杜门著述。工诗善文，屡奉诏征用，皆以疾辞。擅墨梅、山水，画梅多册页小幅，自然随意，意态萧疏。他与汪汝谦交往甚密，看到汪汝谦的画舫，结合汪汝谦的心愿，将此舟命名为“不系园”。

不系园典出《庄子·列御寇》：“巧者劳而智者忧，无能者无所求，饱食而遨游，泛若不系之舟，虚而遨游者也”。唐白居易有诗：“一朝归渭上，泛如不系舟”。陆游也有诗：“我似人间不系舟，好风好月亦闲游”。可知不系舟比喻自由而无所牵挂。这正符合汪汝谦的追求。

明代文学家、书画家陈继儒像

陈眉公不仅给画舫命名，而且还题了一首诗：

西湖谁与开生面？不系园收不断云。
翠壁丹崖天宿构，黄鹂绿树水平分。
卷帘花扑双鱼洗，顾曲香飘百蝶裙。
金谷玉津成往迹，虚舟一叶总输君。

不系园建好后，汪汝谦的好友们纷纷赋诗庆贺，煞是热闹。汪汝谦的好友、晚明著名小品文作家、官至江西布政使参议的黄汝亨还为不系园拟了《不系园约》：

友人汪然明，家不素封，习非矜艳，惟是耽山水之真契，属云天之高情。两峰六桥，四时为政，或携蜡屐，或放扁舟。而以舟制递更，罕兼胜具，小肋恰受，未纾容与之怀；巨舰高张，有碍幽遐之讨。乃缘心匠，指授良工，长仅十寻，横几九尺。可坐可卧，任锦缆以徐牵；以遨以游，依林屿而放泊。风流共赏，主客齐欢。然而雅不谋俗，俗亦败人；倘不似林宗之扫除，将无同公荣之饮酒。敢陈约法，庶惬同心，代为函谷之封，无致虚舟之触。

约以十二宜：名流、高僧、知己、美人、妙香、洞箫、琴、清歌、名茶、名酒、殽核（菜肴和水果）不逾五簋（古代盛食物的器具）、却驺从。九忌：杀生、杂宾、作势轩冕、苛礼、童仆林立、俳优作剧、鼓吹喧阗、强借、久借。

右十二宜，素心人共之，既非生平，自合投分；九忌则主人不敢言，大雅君子谅有同然，不佞饶舌矣。

甲子春日沧浪道人黄汝亨书

十二宜中所谓“名流、高僧、知己、美人”，是说这四种人宜来不系园；所谓"妙香、洞箫、琴、清歌、名茶、名酒"，是说不系园内应有这六样东西；所谓"觳核不逾五簋"，是说佳肴和水果不要超过五簋就可以了；所谓"却驺从"就是屏去所有随从。所谓九忌，就是在不系园内忌讳杀生，宾客忌讳庞杂，忌讳以官位爵禄作势压人，忌讳繁琐礼节，忌讳童仆众多，忌讳艺人演剧，忌讳吹打锣鼓，忌讳别人强借、久借不系园画舫。执行此园约，就能保证不系园每次朋友聚会，都能自由自在，随心所欲。

《陶庵梦忆》书影

有了这个不系园，汪汝谦就经常邀请三五知己前来畅游聚会。他们或登台赏月，或临风把盏，或联句赋诗，或高谈阔论，酣喜无度，咏无虚日，均流连而不忍离去，真是称心快意。那时，西湖上的名妓，如王修微、杨云友能诗，林天素能画山水兼能琵琶，王玉烟能走马，吴楚芬能歌。汪汝谦招诸名士雅集湖舫时，诸姬必与坐。红袖乌丝，传为胜事。

明末清初文学家、史学家张岱曾经在《陶庵梦忆》里记叙了一次在不系园聚会的情况，我们可以从中领略当时的氛围：

明崇祯七年(1634)十月，我和楚生同往不系园观赏红叶，至定香桥，竟遇见不期而至的八位朋友。他们是南京曾波臣、东阳赵纯卿、金坛彭天锡、诸暨陈章侯、杭州杨与民、陆九、罗三、女伶陈素芝。他们也是前往不系园的。主人挽留我们饮酒，席上，陈章侯携带缣素为赵纯卿画古佛，曾波臣为赵纯卿画像，杨与民在一旁弹奏三弦子，罗三唱曲，陆九吹箫。然后杨与民又拿出寸许界尺，敲着小梧用北调说《金瓶梅》一剧，听后使人绝倒。这一晚彭天锡与罗三、与民串唱本腔戏，也是妙绝。与楚生、素芝串唱调腔戏，又复妙绝。陈章侯唱村落小歌，我取琴和之，仿佛小孩牙牙学语。赵纯卿笑着说："恨弟无一长以侑兄辈酒"。我说："唐代裴旻将军居丧时，请吴道子画天宫壁超度亡母，吴道子说：'将军为我舞剑一回，庶因猛厉以通幽冥。'裴旻脱掉丧服，上马驰骤，挥剑入云，高十数丈，若电光下射，执鞘承之，剑透室而入，观者惊栗。吴道子这时奋袂如风，画壁立就。今章侯为纯卿画佛，而纯卿舞剑正今日事也"。纯卿听后立马跳身而起，取其竹节鞭，重三十斤，作胡旋舞，众人齐声喝采。

多么令人难忘的一次聚会。当然，像这样的聚会在不系园是很频繁的。那时名妓柳如是也是不系园的常客。柳如是可不是凡人，她是明清之际的著名歌妓才女，聪慧好学，博闻多才。与马湘兰、卞玉京、李香君、董小宛、顾横波、寇白门、陈圆圆同称"秦淮八艳"。崇祯十四年(1641)嫁给有"学贯天人"之称的东林领袖、明朝大才子钱谦益作侧室。正是在此前后，柳如是也成了汪汝谦的知己好友。史载柳如是不仅经常应邀参加不系园的聚会，而且还向汪汝谦借过不系园画舫在西湖游玩。

明代文坛领袖钱谦益也是汪汝谦好友，他和柳如是结婚后更是常常光临不系园。清顺治七年(1650)，黄宗羲去常熟会钱谦益共同抗清，钱谦益于五月前往金华游说镇将马进宝不成后，返程时，来到西湖"不系园"，汪汝谦挽留舟居六天，他们追忆崇祯年间与柳如是游寓西湖的往事，睹物思人，感慨天地巨变，物是人非，作《留题湖舫二首·舫名不系园》诗。

明末清初诗坛盟主钱谦益

可见，不系园就像一块磁铁一样，吸引了多少文人雅士前来相聚，演绎了多少文坛胜事。汪汝谦也被人称为湖上主人。

明清易代以后，对汪汝谦影响很大。此时他已不能像在明朝那样，在不系园里和三五好友自由地徜徉西湖了，他曾在一首《自嘲并示儿辈》诗中写道："画舫无权逐浪游"，并在此句下自注："余家不系园，战后重新，每为差役，不能自主"。就是说，明清战乱后，汪汝谦又将不系园修葺一新，可是此画舫常被官府征调服役，他也没有自主权了。

但他文人的本性却难以泯灭。清顺治十二年(1655)，已经七十九岁的汪汝谦在其弥留之际，仍然神明湛然，还说要与冯云将等人摩挲名迹，品画谈诗，吹箫拨弦。最后，汪汝谦向床边亲友抬手示意告别而卒。

汪汝谦逝世后，人们都说："然明殁，湖上遂无主人矣"。钱谦益后来还专门为他写了《新安汪然明合葬墓志铭》，缅怀这位知己好友。

其实，汪汝谦除了不系园外，还有随喜庵、观叶、小团瓢、雨丝风片等"园林"，实际上都是画舫，只是比不系园小一些。这些"园林"漂荡在西湖上，演绎着一个个士商雅集的故事。

汪汝谦虽然去世了，但他建在西湖上的园林却成了徽商贾而好儒又一生动典型，也是后人缅怀凭吊的绝好题材。

商士雅集

前面说到盐商程晋芳与毕沅、袁枚的深厚情谊，是非常感人的。其实，在明清时期像这种商士情谊还有很多，尤其是徽商，由于有文化，他们身上的铜臭味越来越少，而那种儒雅气息却逐渐增多，他们与文人之间那种不可逾越的鸿沟已经填平，所以出现了士商雅集的盛况。

徽商与文人的雅集自然大都在徽商的园林之中。说起徽商的园林，也堪称明清史上的盛事。那时日益富裕的徽商总想为自己营建一个舒适优雅的居住环境，他们往往不惜巨资兴建园林。如明代歙商郑景濂在扬州经营盐业成为巨富，其子郑之彦子承父业，也是大盐商，他的四个儿子都各建有园林。长子郑元嗣构有五亩之宅及王氏园，次子郑元勋建有影园，三子郑元化建有嘉树园，四子郑侠如建有休园。其中影园最为有名，明代大官僚、书法家董其昌来此游玩后，见到园之柳影、水影、山影，而将其命名为影园。扬州著名的盐商“四大元宝”也各有园林。黄晟，居扬之康山，筑易园；黄履暹，居倚山南，有十间房花园，扬州“四桥烟雨”、“水云胜概”，即其北郊别墅也。黄履炅，行四，居扬州阙口门，有容园；黄履昴，行六，亦居阙口门，建别圃。歙县汪氏也是扬州大盐商，购得九莲庵地，建别墅曰

董其昌像

“南园”，诸景备置，有“深柳读书堂”“谷雨轩”“风漪阁”诸胜景。乾隆年间，汪氏用巨资在江南购得九个太湖石，大者一丈多，小者也有八尺，玲珑嵌空，窍穴千百，真是至宝。汪氏将它们运到扬州后，建了一个优雅别致的园林，皇帝赐名为“九峰园”。至于大盐商马曰琯、马曰璐兄弟建的小玲珑山馆，江春建的康山草堂更是驰名遐迩。所以史称：“扬州以园林胜”。这是与盐商大有关系的。

徽商有了园林，于是就经常邀请文人学者前来聚会。据《扬州画舫录》载：“扬州诗文之会，以马氏小玲珑山馆、程氏筱园及郑氏休园为最盛”。马氏乃是马曰琯、马曰璐兄弟。程氏乃翰林程梦星，他于康熙五十五年（1716）告归，购地为家园名“筱园”。他虽是一位官员，但却是徽商子弟，其父就是扬州盐商。马氏小玲珑山馆、程氏筱园及郑氏休园在举办诗文之会时，主人“于园中各设一案，上置笔二、墨一、端研一、水注一、笺纸四、诗韵一、茶壶广、碗一、果盒茶食盒各一。诗成即发刻，三日内尚可改易重刻，出日遍送城中矣。每会酒肴俱极珍美，一日共诗成矣”。你看，雅集一日，把众人之诗刊刻出来就是一部诗集。

清代绘制的《九日行庵文宴图》（局部），描绘马氏兄弟在小玲珑山馆与官员士绅雅集的情景

诗做毕，即入宴，山珍海味、美酒佳肴享用后，还请听曲。主人把大家邀至一厅坐下，其厅甚旧，装有绿琉璃四片，入坐后只见老乐工四人出来，个个都是没齿秃发，约八九十岁矣，各奏一曲而退。正当众人

不无扫兴之际，忽然间屏门打开，才看到后二进皆楼，已是红灯千盏，男女乐各一部，俱十五六岁妙年也。众人顿时兴致勃勃，前去观赏，直到半夜方息。

这是大型雅集，平时更多的是一些小型的聚会，常常是在一些节日，徽商邀请五六个、七八个文人知己来到自家园林小聚，或邀观花、或请赏物、或吟诗、或联句，真是其乐融融。至今我们从清代很多文人留下的文集中都可看到他们当年在徽商园林中聚会留下的诗篇。

如乾隆三十八年（1773）、三十九年（1774）江春私家别墅"水南花墅"里所种芍药花开并蒂，为一奇观。江春设宴广邀达官显贵、骚人墨客前来观赏。当时的两淮盐运使卢见曾也赶来助兴，不仅与宴赋诗，还将并蒂芍药绘成图形，广为征求诗稿。再如扬州北郊铁佛寺荒寒多红叶，江春就几次诚邀杭世骏诸诗老在清斋赋诗终日，留下了不少佳作。在苏轼生日那一天，江春又与诸诗人悬挂苏轼像于寒香馆，并赋诗联句，寄托对这一代宗师的怀念。江春新买康山，修葺一新，成康山草堂，又约诸位诗友前来游览并赋诗。诗人们每次聚会都留下了难忘的诗作，如赵翼的《江鹤亭方伯（江春）招同松崖、未堂、蘧庵、松坪、棕亭、春农游康山即事》、阮元的《次韵江鹤亭焦山夜坐诗》《己卯夏，馆于江鹤亭苑卿街南别业。昔为余门人程志泰旧居，老友陈玉几亦尝寓此，今老友殁已一载，而余门人卒且十四年矣。时方编〈旧雨集〉及玉几（陈撰）诗，因感而赋》、钱陈群的《天中节前一日江君鹤亭招游园林看晚芍药即席赋谢》、沈初的《寅和斋鹾使招同朱子颖都转、谢蕴山

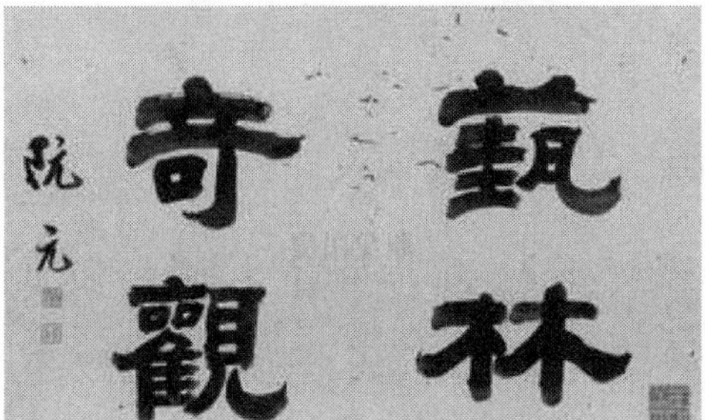

阮元书法

太守游康山,主人江鹤亭索诗,漫成绝句四首》、汪启淑的《秋夜同沈沃田、陈对鸥、金棕亭、吴鲁斋家、石田诸君集江鹤亭如意斋,分咏鲁斋所赠韵箫得职字》等等,我们从这些诗题和小序中就可以想见当年江春和诸位诗友分韵赋诗的盛况。难怪阮元说:“公(江春)伟岸丰颐,美须髯,喜吟咏,好藏书,广结纳,主持淮南风雅”。可见,江春既是扬州盐业的总商,又是扬州诗坛的主持,一身二任,商业与文化的结合,在江春身上得到完美的体现。

江春去世后,其继子仍传承乃父遗风,与文人保持着密切的联系。史载:康山草堂仍然“延接名流,座客常满”。如方子云、钮非石、袁寿阶、吴兰雪、郭频加这些著名文士“皆下榻康山,极一时文酒之盛”。

扬州的徽商园林固然是士商雅集的盛地,其他地方的徽商园林也是士子文人的聚会之所,如当时的淮安河下镇就是其中之一。明清时期,淮安河下镇是盐商的重要聚集地,徽州程氏又是其中的主体。最初业盐者共十三家,全是程姓,显然都是一个宗族。他们在业盐致富后也纷纷建筑园林。像且园、九狮园、曲江园、柳衣园、燕贻轩、菰蒲曲、师意园、宜园、晚甘园(一名南园)、荻庄、可止轩、寓园、亦庐、小山蹊、南藤花书屋、补萝山房、带柳园、一卷一勺园、十笏园等等。在这些园林中,也是经常招集四方名士、文人,啸风弄月,联吟谈艺,几无虚日。史载:“一时宾客之豪,管弦之盛,谈者目为‘小扬州’”。

第四章 徽商与收藏

成功的商人总是有大把的钱。一个人有了钱怎么办？有的人继续投资，把生意做大；或者兴办公益事业，回报社会，这都是正道。但有的人吃喝嫖赌，挥金如土，到头来难免坐吃山空，甚至沦为乞丐，这在历史上也是屡见不鲜的。也有的人好收藏，举凡前朝古董、法帖名画、稀见书籍等等文化珍品，见到就爱不释手，千方百计也要购买，这是收藏家。对于这种行为，有人嗤之为“玩物丧志”。殊不知这种行为蕴涵着重大的文化意义，是绝不能作皮相之论的。

徽商多有藏书家

经过一段时间的拼搏，很多徽商都赚了个盆溢钵满。他们致富以后，固然不少人首先想到的是修祠堂、建府第，当这些都完成了以后，就有不少人开始钟情于收藏。这似乎是有钱人的通好，试观当今的大商人，有几个不爱收藏！由于徽商贾而好儒，就更是如此。

徽商收藏，首先是收藏图书。虽然我国早在宋代就发明了活字印刷术，但直到明清也没有推广开来。不论官府或民间印书，基本上都是采用雕版印刷，这自然费工、费时、费财，而且一部书不可能印很多。因此，图书的推广、流通就受到很大局限，远没有达到普及的程度。加上战争、灾害等等原因,很多书籍又遭到损毁、散佚。这样一来,图书就成为很宝贵的物品了。徽商爱好藏书,一是因为他们贾而好儒,喜爱读书,当然就需要大量的书籍;二是他们要教育子弟,为了教育子弟,他们不惜重金延名师、购书籍。正是在这种情况下,徽商买书、藏书成为一个非常普遍的现象。

早在明初,先富起来的一些徽商就已开始藏书了,像歙县岩寺镇,号称万家之市,其中方姓最有名,也最富,同时最好藏书。方富祯、方銮、方大治一门,累世积书,被誉为“万卷方家”,可见其藏书之丰。

明代歙县岩寺镇,号称万家之市,方氏藏书最丰

歙县潭渡人黄长寿,起初读书,希望走科举入仕之路。后因家庭困难,不得不弃儒服贾,经过多年奋斗,终于发家致富。由于他本来就是个读书人,“性喜蓄书”,购买了大量图书,不仅自己阅读,而且常令诸子“讲习加订正”。所以别看他是个商人,却满腹诗书。他经常与文人登高吊古,吟诗作词,著有《望云遗稿》诗集。

明代万历年间歙人鲍橐,是个盐商,在浙江业盐,发家后十分重视教育子弟,曾说:“富而教不可缓也,徒积赀财何益乎!”就是说一个人富了以后,对子弟的教育是一刻也不能耽误的,只当守财奴有什么用?所以他“教子也以义方,延名师、购书籍,不惜多金”。

休宁商山吴琼经商好行其义,建立了很好的商业信誉,所以渐渐就发达了,但他不忘买书,老了后他回到家乡,在自己的住处旁专门建了一间书屋,“聚书万卷”于其中,也可称为一个藏书家了。他就用这些书来教育子弟。

明末歙人鲍省吾也是以业盐起家,为了教育子弟,“尝置‘有斐堂’以为子孙读书之所”,可想而知,“有斐堂”中肯定藏有大量图书。明末歙人吴尚相,很会经商,二十年间,三致千金。他喜爱读书、藏书,家乡人说他“贮书充栋”,图书藏满一屋,可见藏书之多。

明歙商吴伯举在扬州经商,致富后钟情收藏,多方设法购买商周彝鼎及晋唐以后图书,一旦遇到好书,哪怕要花千两银子,也在所不惜。

到了清代,徽商发展更壮大了,致富的人更多,藏书的人也更多了。如婺源商人洪庭梅是个大木商,他曾率领亲戚不远数千里,到四川、福建、湖南、湖北的深山老林砍伐木材,然后运到长江下游贩卖,所吃之苦是难以言述的。但投入精力大,所获报酬也多。没多少年,他就发家了。他常常盘算着,如今有钱了,想干什么也就能干什么了。但唯一的遗憾是早年未能读书以显亲扬名,现在应该多买点书了,既可以自己读,也可供子弟读,于是藏书千余卷。

休宁商人杨杞年就是从小读了大量家中先世所藏书,过目不忘,被誉为“奇童”。清康熙年间的歙商吴瑞鹏,其父以贾起家致富。他酷爱读书,凭借富饶的家资,“多购书画、金石诸古物置左右,间一寓目,摩挲自得”。

乾隆时绩溪商人章策从小读书,一心要走科举之路,后来父亲去世,家庭困难,于是弃儒服贾。他极善于经商,很快就致富了。他深知书籍是世间之宝,所以尽管不走科举之路了,但仍然“积书至万卷”。一个普通商人,家藏书万卷,那真是了不得的。只要一有空,他就读书,所以他的见识远远超过他人。

说到徽商藏书，不能不提“汪氏三子”。所谓“汪氏三子”，指的就是清代休宁汪文桂、汪森、汪文柏兄弟三人，他们都是官员，而且在文学上又多有建树，声名藉藉，时人随将他们兄弟三人以“汪氏三子”呼之。他们三人虽都沉浮官场，但由于不习惯官场习气，不久都辞官归里。文献上记载他们是桐乡人，其实他们的祖籍都是徽州休宁，由于祖父来到桐乡经商多年，喜爱这里的环境，就在这里落籍，子孙从此也就定居在这里了。因为先人一直经商，到汪氏三子这一代，可谓家业昌盛，家资万贯了。

清代著名藏书家汪森肖像

富有的徽商无不藏书，无不从小就培养子弟读书，汪家更不例外。汪文桂自幼嗜学，与两弟互相砥砺。康熙年间，由府学贡生考授内阁中书，封奉直大夫，山西道监察御史，后辞官返桐乡，在宅第中筑“华及堂”以宴请四方宾客，兄弟又并筑“裘杼楼”专门贮藏书籍。楼中聚书万卷，每日校勘不辍。其中有大量宋金元以来的文人词集，成为“裘杼楼”藏书的一大特色，汪文桂与海内名流黄宗羲、王砎石、朱彝尊、汪钝翁诸先生诗歌唱和，过从甚密。著有《鸥亭漫稿》《西湖近咏》《国朝诗风》《六州喷饭集》等数种。

老二汪森自小好学，康熙壬子年（1672），拔贡入京，为国子监祭酒昆山徐公所赏识，名噪一时。不久，因祖父、父亲相继去世，归家奉养母亲金氏。家本有“华及堂”,复营“碧巢书屋”,作为读书治学之所。常与海内名流诗简往还,而慕名访问者接踵而至,名闻遐迩。后又于嘉兴郡角里营建“小方壶”为园林别墅,奉母游宴。他曾秉遵母训,在粤为官十年,母亲去世,回乡服丧,丧满补官,不久就挂冠归里。他一生著述颇多,有《华及堂诗钞》《华及堂续稿》《华及堂唱和诗》《裘杼楼稿新咏》《粤行吟稿》《月河词》《桐扣词》《古诗萃钞》《古乐府萃钞》《贯珠集》《品藻源流》《虫天志》《金石录》《旅行日记》等行世。

老三汪文柏,学问渊博,不亚两兄,在京为官三年即辞归。别建“古香楼”收藏法书名画,闲暇时焚香啜茗,观赏不厌。汪文柏极能做诗,曾著《柯庭余唱》,清代著名学者朱彝尊给予极高评价。他还著有《古香斋书画题跋》《柯庭文薮》《柯庭乐府》《杜韩集韵》三卷、《古香楼吟稿》等书行世。

汪文柏,号柯庭。清代著名诗人、藏书家

兄弟三人秉性相似,都辞官归里,以藏书、读书为乐,都是著名的藏书家。

综上所述,可知徽商有着浓厚的藏书嗜好,其藏书数量相当可观。据当代学者刘尚恒统计,明清徽州藏书家(含本土、外埠)有一百五十六人,而在这些徽籍藏书家中,大多数为徽商或出身于徽商家庭,或者其本人便兼儒士和商人的双重身份。乾隆年间修撰《四库全书》,向民间征集乾隆以前文献。全国进呈书籍达百种以上者为九十一人,其中徽州藏书家十一人,占总人数的12.1%。他们分别是吴玉墀(徽商吴焯次子,侨寓钱塘,有“瓶花斋”藏书楼)、汪如藻(侨寓桐乡,有“裘杼楼”藏书楼)、程晋芳(原籍歙县,侨寓扬州,盐商,家藏书五万卷)、程景伊(原籍歙县,侨寓武进)、戴震(休宁人,年少曾业商)、汪承霈(休宁人,汪由敦之子)、黄登贤(原籍歙县,侨寓大兴)、江春(原籍歙县,侨寓扬州,两淮总商)、汪启淑(原籍歙县,侨寓杭州,家有“开万楼”)、马裕(马曰琯之子,原籍祁门,侨寓扬州,两淮盐商)、鲍士恭(鲍廷博之子,原籍歙县,侨寓桐乡乌青镇,徽商之后)。这些人几乎都是徽商或出身于徽商家庭,从他们献书的数量,可以略知徽商藏书之丰富。

藏书世家出徽州

值得注意的是,清代出现了一些徽人藏书世家,就是一代接一代藏书,书自然越积越多。

清代歙县璜源吴铨在苏州所建的“遂初园”

生于徽州歙县之璜源的吴铨,字容斋,号璜川,小时候始随经商的父亲迁居松江,后又迁苏州木渎望信桥。后来读书参加科举,成功走上仕途。雍正年间曾任江西吉安太守,由于经商的家庭本来底子就厚,加上做官收入也不菲,从而有条件大量买书贮藏。退休归田后于木渎建“遂初园”,因为故乡为新安璜源,所以他将自己的藏书处题曰

“璜川书屋”。吴铨藏书逾万卷，其中珍本秘籍无数。多少著名学者都上门来求书阅读，“璜川吴氏”亦享名遐迩。

清代武状元吴泰来，也是藏书家、文学家

父辈的影响是巨大的。吴铨有两个儿子，竟然都爱藏书。长子吴用仪，号拙庵。其与江浙诸名士交往甚厚，流连觞咏，座无俗客。他在其父藏书的基础上“复购书数万卷于其中，多宋元善本”。吴铨次子吴成佐，号懒庵，同样亦有藏书名。其孙吴志忠曾回忆说：“我祖懒庵先生重自搜罗，书楼三楹，环列四周”。其中亦不乏宋元佳椠。成佐藏书处曰“乐意轩”，藏书印有“乐意轩吴氏藏书”等，并有《乐意轩书目》四卷。

吴用仪的儿子吴泰来和吴无润，是第三代，他们不仅成功地守住了父祖辈的藏书，而且光大先人事业，继续收藏家中没有的善本书。吴泰来本人在文学上多有成就，有不少著述，被誉为“吴中七子”之一，也是著名的藏书家。

吴家第四代最值得称道的是吴成佐的孙子吴志忠，他不仅喜好藏书，而且长于目录校雠之学，与同郡黄丕烈、顾广圻等著名藏书家、目录学家过从甚密。家藏珍籍有《吕衡州文集》《中吴纪闻》《嵇康集》等。尤为可贵的是，为了使一些抄本、孤本惠及更多的人，他刻了一套“经学丛书”，并撰《璜川吴氏经学丛书缘起》，为后人留下了十分完备的璜川吴氏藏书史料。

上述吴氏藏书四代已是很不容易的了，但还有藏书六代的呢！就是徽籍藏书世家潘氏。在清代苏州，潘氏素称望族，世代门第显赫。状元（进士第一名）、探花（进士第三名），皆落潘家，至于进士则更多，乃至有“天下无第二家”之誉。

潘家虽是苏州人，实际上他们祖上是徽州歙县大阜村人。大阜潘家与徽州其他人一样，迫于生活压力只得到外经商。早在明代潘家就出去打拼了。经过几十年的奋斗，渐渐致富了，于是他们又开始转而向儒，家中开始藏书，竭力培养子弟读书。但似乎潘家命运不济，据说在康熙、雍正时期，潘家父子参加了十三场科考，都铩羽而归，直到潘奕隽这一代终于旗开得胜。史料记载他是以商籍补仁和县学生，说明他的父亲那时在杭州经营盐业，是个盐商。盐商一般来说都是很富有的，自然可以买大量的书籍，也可以供潘奕隽兄弟们读书。潘奕隽于乾隆二十七年（1762）中举，接着于三十七年（1772）成进士，首开潘家金榜题名的纪录。十二年后，他的二弟潘奕藻也成了进士。三弟潘奕基是名举人。

歙县大阜潘氏宗祠

说到潘奕隽的科考，还有一段佳话呢。那时科举考试是举人先参加会试，合格后再参加殿试，这是由皇帝出题的考试，考试结果由皇帝钦定等次。殿试后分为三甲：一甲三名赐进士及第，通称状元、榜眼、探花；二甲赐进士出身，第一名通称传胪；三甲赐同进士出身。潘奕隽殿试以后，自我感觉很好，心情非常舒畅。由于是第一次来到北京，于是第二天就约了几个好友去西山游玩了。谁知就在这天皇帝上朝钦定殿试等次，众多考生也被召进宫中，等待皇帝颁赐等第。谁知潘奕隽和几个考生出去玩了，找不到。阅卷大臣把成绩报上，潘奕隽竟然考了第一，按说是状元无疑，可是就因为他缺席了，皇帝一气之下把他降为第八名。和他同去的一位考友考了第三名，本应赐为探花，也丢掉了。事后，别人都为潘奕隽惋惜，可你看他怎么说："状元三年一个，失何足惜，游山之兴一发断不可遏也"。状元三年就产生一个，丢掉了有什么可惜的？游山兴致一来还真不能阻止啊！多么豁达！

潘奕隽虽然没把状元看得多重，却把藏书看得很重。由于家中有经商背景，本来就买了不少书籍，如今自己又当了官，更有条件买书了。他五十岁辞官归里，手种三棵松树于堂下，自号三松居士，自己的书屋命名为"三松堂"。"三松堂"的藏书有数万卷。他就在其中读书，与朋友在一起，把盏交谈，吟诗酬唱。潘奕隽可以说是潘家第一代藏书家。

祖籍徽州歙县、落籍苏州的潘世璜

潘奕隽的儿子潘世璜，也很了不起，乾隆六十年(1795)考了个一甲第三名，成了探花。官至翰林院编修。四年后即嘉庆三年(1798)，他的母亲沈氏去世，按惯例停职回乡守丧，当时他父亲早先已乞假归田，故潘世璜在守丧期满后即请假养亲，朝夕侍奉左右，从此告别朝廷。由于潘世璜先于父亲而死，留下两个儿子潘遵祁和潘希甫，潘遵祁后来也成了进士，并做了大官，可是刚到四十也辞官归里，所以潘奕隽的藏书就给了两位孙子继承了。潘遵祁特别爱藏古书画，专筑“香雪草堂”藏书，在他手中又购买了不少书籍。遗憾的是，后来太平天国革命爆发，“香雪草堂”藏书在战火中损毁殆尽。

潘奕隽的弟弟潘奕基虽然只中了个举人，可潘奕隽的儿子潘世恩却中了乾隆五十八年(1793)的状元，潘世恩自己也有大量的藏书，尤其是潘世恩的儿子潘曾沂、潘曾莹都是进士。潘世恩的这两个儿子也都是著名藏书家，潘曾沂积藏图书数栋，潘曾莹建有“小鸥波馆”，以收藏书画著名。他们应是潘氏第三代藏书家了。

到了第四代，潘氏又出了两位藏书家。一位是潘祖荫，一位是潘祖同。潘祖荫是咸丰年间的进士，官至工部尚书，军机大臣。他是近代著名藏书家，其藏书印曰“八求精舍”“龙威洞天”“分廛百宋”“迻架千元”。他家的藏书室为“滂喜斋”，所藏图书金石之富，甲于天下。尤其是所藏宋元椠本及抄本非常多。

滂喜斋印

如所藏宋本《金石录》十卷，就是无价之宝。《金石录》为宋金石学家赵明诚撰，原为三十卷，其夫人李清照写后序并加增补删削，为金石学的开拓之作。此书自明以后仅有抄本流传，直到清初才刻版流传，也是从抄本刻出。这些抄本和清初刻本讹谬舛误甚多。而钱曾的好友冯研祥却藏有宋本《金石录》十卷，虽为残本，却可校抄本和清初刻本之舛讹。此书后归“滂喜斋”，可谓镇斋之宝。王季烈跋《滂喜斋藏书记》说：“文勤（潘祖荫）在朝数十年，持躬清介，屏绝馈遗，所藏商周珍器，宋元精椠，皆尽廉俸购之四方，非若后之贵显，其藏储由苞苴或攘夺而来也”。就是说他所购书籍都是用自己的俸禄来买的，而不是像有的达官贵人的藏书是由别人送的或巧取豪夺而来的。潘祖荫的堂弟潘祖同是潘曾莹的儿子，也是进士，同时也是藏书家，他的藏书斋“竹山堂”藏有四万卷书，其中当然很多是继承其父的藏书，但他自己也购买了不少书籍。

潘家到了第六代又出现了两位大藏书家，这就是潘祖同的孙子潘

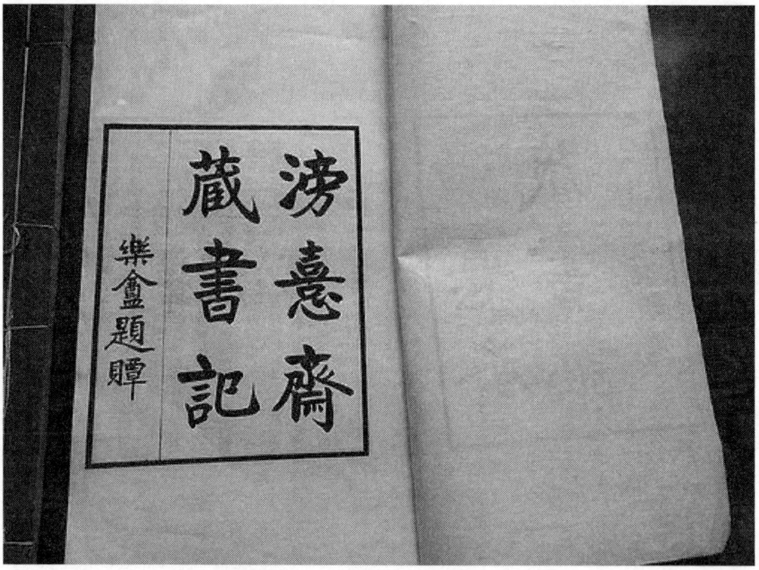

《滂喜斋藏书记》书影

承厚和潘承弼，他们继承了祖父的藏书四万卷，建造了宝山楼专门藏书。兄弟二人有着共同的爱好，就是藏书。潘承厚是个商人，经商所赚的钱大多用来购书。弟弟潘承弼更是对藏书情有独钟，他自己曾说：“余生薄祜，十二丧父，上袭先祖余荫，有书四万卷。稍知人事，颇

喜涉猎，自经史子集以逮百家杂说，辄复流览，贪多务得”。二十岁以后，便节衣缩食，大量购买古籍。兄弟二人，联手藏书，穷访遍搜稀有珍贵书籍及名人手校之帙。在区别雅俗，别裁真伪方面潘承厚更胜一筹。有一年有人拿来一套大字本《陈后山集》二十卷者求售，书纸经过染色已经很旧了，别人都说这是明代翻刻本，没有什么稀奇，但潘承厚经过仔细鉴别，认定这是宋代蜀刻大字本，兄弟合力买下了这套书，事实证明这是至宝。二人还将藏书楼命名为宝山楼，就是因为这部书是镇楼之宝。就这样这两位兄弟经过二十年的努力，不仅保住了祖传的四万卷图书，而且发展到三十万卷，石墨二万通，确实是名震东南的藏书大家。

邗江此处最知名

这是清代大诗人悼念祁门大盐商马曰琯（1688—1755）的诗句。全诗是这样的：

山馆玲珑水石清，邗江此处最知名。
横陈图史常千架，供养文人过一生。
客散兰亭碑尚在，草荒金谷鸟空鸣。
我来难忍风前泪，曾识当年顾阿瑛。

这首诗的意思是说，小玲珑山馆在扬州（邗江）谁都知道最有名。山馆里藏有大量的图书，不少文人在这里读书治学，衣食无忧，一住就是很多年。如今主人去世了，客人也离开了，园内的荒草萋萋，只有鸟儿在对空鸣叫。我今天来到这里，目睹此情此景，禁不住泪流满面，不禁又想起了当年的顾阿瑛啊。

顾阿瑛(1310—1369),一名顾瑛,元代文学家,江苏昆山人。他家业豪富,筑有别墅玉山草堂,其中有园池亭馆几十处,但他不愿做官,而且轻财好客,风流倜傥,尽散家财,广交名士。经常在玉山草堂雅集,诗酒唱和,留下了很多历史佳话。

袁枚这首诗是将马曰琯比作元代的顾阿瑛,对他寄托了无限的思念之情。小玲珑山馆就是马曰琯家的别墅园林。

马氏是祁门望族著姓,马曰琯的曾祖父是明末诸生,所谓诸生,即经考试录取而进入中央、府、州、县各级学校学习的生员。明亡后隐居山中读书,不复参加科举考试。到马曰琯的祖父时始来扬州业盐,从此就定居在扬州,这已是清初了。祖父很快创立了一份偌大的家业,传给了马曰琯的父亲,马曰琯与弟马曰璐亲密无间,从小就至性过人,孝敬父母。谁知父亲早逝,全家的希望就寄托在马曰琯与马曰璐身上。为了培养两人,母亲不惜重金延名师施教,两人进步很快。他们虽然酷爱读书,但对科举却不感兴趣,亲贤乐善,唯恐不及。只要有名士路过扬州,兄弟俩一定要把他们请到家中,论文问道。

小玲珑山馆藏品之一

家中的盐业本来做得就很大,如今马氏兄弟又把它们打理得井井有条，不断发展。但兄弟两人真正的志向却不在经商，而是向学。两人都工诗，颇负盛名，人称“二马”。“二马”凭借丰厚的家产，在扬州建筑了一个很大的别墅园林，因园中有玲珑剔透的假山太湖石，故称小玲珑山馆，又称街南书屋。园林中有看山楼、红药阶、石屋、透风透月两明轩、七峰草堂、清响阁、藤花庵、丛书楼、觅句廊、浇药井、梅寮等诸景。“二马”经常邀请文人学士在这里游览流连，吟诗论学。当时卢雅雨是两淮盐运使，驻在扬州，他却极力提倡风雅，一时像全谢山、符幼鲁、陈楞山、厉樊榭、金寿门、陶篁村、陈授衣等名士都到扬州一游，来了以后自然都是二马家的座上客，他们结成邗江吟社，成天诗酒唱和。所以人们把“二马”比作元代的顾阿瑛。乾隆南巡，还光临过小玲珑山馆，并赐御制诗，海内荣之。

“二马”最爱藏书，只要有未见之书，必重金购之。小玲珑山馆中就有丛书楼，藏有十万余卷图书。据清代著名学者全祖望说，他南来北往，只要路过扬州，未尝不留宿。留宿未尝不去丛书楼借书阅读。马曰琯与他相见，寒暄之外必问近来看到什么珍稀书籍，如果听说他没看过的书，必定要把它记下来，或借抄，或转购，穷年兀兀，不以为疲。如果他得到一些罕见书，必定拿出来给全祖望审阅。席上满斟好酒，摆上佳果，如果书籍得到全祖望的首肯，两人必定干杯庆贺。晚清藏书家叶昌炽为此曾专门写下了一首诗，收在他的《藏书记事诗》中：

竹西觞咏街南屋，帘幕春深紫燕斜。
论定异书刚读罢，陶然同醉碧山槎。

街南屋，就是二马园林街南书屋，碧山槎，是指元代著名银工朱碧山制作的槎形酒杯。该诗前两句就是描述二马与其他诗友们在街南书屋吟诗作赋的情景,后两句说的是二马和学者认真校书的场景。

马曰琯、马曰璐的“街南书屋”今址

当时全祖望为官京师,从宫廷图书馆中见到《永乐大典》万册,惊喜异常。《永乐大典》是明初永乐年间历时六年编纂的一部奇书,共二万二千九百三十七卷(目录占六十卷),一万一千零九十五册,约三亿七千万字,这一古代文化宝库汇集了古今图书七八千种。被《大英百科全书》誉为“世界有史以来最大的百科全书”。但《永乐大典》惨遭浩劫,大多亡于战火,到了清代已是残本了,但就这也是无比珍贵的。当全祖望将这一消息告知马曰璐时,“二马”欣喜异常,立即去信打听如果请人抄写,工价如何。后来全祖望已安排人抄了一些书,突然遭罢官不得不半途而废,但也足以说明二马对书籍的酷爱。全祖望被罢官后,二马立即聘他到宁波“天一阁”抄那些他们所没有的图书。

《永乐大典》书影

藏书之难，在于雠校。因为社会上流传的书籍由于各种原因，或多或少存在一些错误，必须要把它校正过来。“二马”对一些重要藏书都要认真雠校，他们在楼上两头各置一案，两种版本的书各放一头，两个人一句一句地读，发现疑问，立即追根刨底。双灯炯炯，两人诵读不停，夜分不息。楼下过路人听到都窃窃私笑，他们哪能了解“二马”一丝不苟的精神呢。

而且，马氏所有藏书装订都十分讲究，他长年雇佣数名宋体字写得好的人专门为其藏书题写书名，所以他的藏书别人看了无不啧啧称叹。

全祖望曾比较了当时几个有名的藏书家，他说：“百年以来海内聚书之有名者，昆山徐氏，新城王氏，秀水朱氏其尤也，今以马氏昆弟所有几几过之”。而且他认为，前面几位藏书家都出现在清初，经过明末清初社会动荡不久，一旦社会稳定，各种书籍易于发现，而“二马”正处于清中叶，文明日启，编帙日出，好书层出不穷，往往是遇之者非其好，或好之者无其力，而“二马”藏书正逢其时，对图书既有其好，购买又有其力，所以他们的藏书也就越来越多了。

乾隆三十八年(1773)，朝廷开始编纂大型丛书《四库全书》，皇帝下诏地方百姓向朝廷献借家中珍藏的稀有书籍，书馆录下副本后原书发还。各地藏书家纷纷响应，当时，马曰琯已经去世，其子马裕积极献书，被朝廷采用者竟达七百七十六种。据朝廷统计，献书五百种以上者四家：鲍士恭、范懋柱、汪启淑、马裕，其中除了范懋柱以外，其余三家都是徽商家庭，可见徽商的藏书在全国也是有名的。为了奖励他们对编纂《四库全书》的支持，乾隆皇帝特下诏：

今阅进到各家书目，其最多者如浙江之鲍士恭、范懋柱、汪启淑、两淮之马裕四家，为数五六七百种，皆其累世弃藏，子孙克守其业，甚为嘉尚。因思内府所有《古今图书集成》为书城巨观，人间罕觏。此等世守陈编之家，宜俾专藏勿失，以裨留贻。鲍士恭、范懋柱、汪启淑、马裕四家，著赏《古今图书集成》各一部，以为好古之劝。

《古今图书集成》(部分)书影

《古今图书集成》是康熙年间历时二十八年编纂而成的大型类书，共有一万卷，是当时也是现存规模最大、资料最丰富的类书。马家得到《古今图书集成》以后，将它装成五百二十匣，藏贮十柜，供奉正厅。不久，皇帝又赐给马家《平定伊犁御制诗》三十二咏、《平定金川御制诗》十六咏并《得胜图》三十二幅，又在马家进献珍稀书籍《鹖冠子》上御题诗一首云："铁器原归厚德将，杂刑匪独老和黄。朱评陆注同因显，柳谤韩誉两不妨。完帙幸存书著楚，失篇却胜代称唐。帝常师处王友处，戒合书绅识弗忘"。这在当时真是莫大的荣耀。

"适园主人"张钧衡

晚清乃至民国初年，人们都知道浙江湖州东部的水乡古镇南浔有一个著名的园林——"适园"，多少外地的骚人墨客在这里流连忘返。之所以如此，倒不仅仅是园林的风景秀丽，而是因为它丰富而独特的藏书像磁铁一样，吸引着四面八方的文人学者。

"适园丛书"书影

"适园"的主人叫张钧衡(1871—1927)，由于酷爱收藏奇石碑刻，取字石铭，为清末江南大藏书家之一。现在人们都说张钧衡是南浔人，可他确实是地道的徽州人。但他又为什么居住在南浔呢？这就要从南浔镇说起。

我们知道，环太湖区域气候温和，湖河港汊纵横密布，水质清洁，土质丰腴，非常适宜种桑养蚕。早在南宋时，南浔所属的湖州蚕桑业就迅速发展起来，到了明代，天下蚕桑之利，已"莫盛于湖"，而一郡之中，南浔的丝织业更是全郡之冠。这里生产的"辑里丝"，名闻全国。

辑里湖丝已成为浙江优质丝的代名词，粤缎粤纱、山西潞绸及江苏、福建等省的丝织原料都必须仰给湖丝，朝廷的织造局每年要为宫廷织造大量的上等丝绸，其原料也来自上贡的湖丝，数量不够时，江宁、苏州、杭州三个织造局每年都要前往南浔采办大量生丝。南浔的丝绸市场日益兴旺发达。

哪里有市场，哪里就有徽商。从明代开始，就有大批徽商来到这一带经营丝绸业。张均衡祖籍是徽州休宁，他家也是世代经商，在康熙年间，其祖父张颂贤即来到南浔经营丝绸，同时也经营浙江盐业，由于他极善于经营，且与官府配合得很好，因此在太平天国被镇压以后，清政府急于恢复社会经济，张颂贤抓住这一难得机遇，在浙江经营盐业当中大获成功，积累了相当雄厚的资产。很多徽商当在外地经营成功后，都在当地定居，张颂贤也是如此，考虑到徽州老家地少人多的状况，他也就在南浔定居下来。张颂贤生有两子：长子张宝庆，字定甫，次子张宝善，字质甫。他们也都继承家业继续奋斗在商场，家产自然越积越多。

浙江湖州南浔古镇

如果说张宝庆、张宝善还是一个普通商人的话，那他们各自的儿子可就了不起了。张宝善的次子张静江（1877—1950），他先是开展对外贸易，运送大量茶叶、丝绸、漆器、瓷器以及名贵字画、古董到法国销售，大获其利。张静江最值得称道的是，大力支持孙中山的革命事业，孙中山曾说："自同盟会成立之后，始有向外筹资之举，当时出资最勇而多者，张静江也，倾其巴黎之店所得六七万元，尽以助饷"。孙中山将张静江誉为"民国奇人""革命圣人"，并题"丹心侠骨"相赠。1927年，张静江任浙江省政府主席，他虽然从政，但始终抓住经济建设不放。1928年2月国民党成立建设委员会，张静江任主席。为了加快建设中国，他领导修铁路、创电厂、办电台、采煤矿，建设委员会自1928年开始至1938年结束，在经费极其困难的情况下，张静江仅领公款十余万元，而为国家创造财产达五千余万元，为民国经济建设作出了重大贡献。1950年张静江病逝于美国纽约，享年七十四岁。台湾举行公祭，蒋介石亲自主持追悼会，亲书"痛失导师"的挽词并臂佩黑纱以表悼念。1956年，在张静江八十诞辰纪念会上，蒋介石又为其题词："毁家纾难，以从事革命，踔厉无前，以致力建设，侠骨亲情，高风亮节，一代典型，邦人永式"。可谓倍极哀荣。

张静江走的是亦官亦商的道路，可他的堂兄、张宝庆的儿子张钧衡走的却是亦商亦文之路。

张钧衡早年丧父，全由母亲将他抚养成人。作为富商的后代，他不仅从父祖那里继承了有形的巨额财富，而且也从父祖那里继承了无形的经商智慧。既有智慧，又有资本，张钧衡真可谓左右逢源，长袖善舞了。其父祖是以经营丝绸和盐业发家，还有酱园、典当，张钧衡自然照样经营，除此之外，他又将目光投向上海，开设慎大钱庄和东南信托公司，开拓标金、股票、公债业务，进而涉足高风险、高投入的房地产领域，还投资浙江兴业银行等，为浙江铁路公司董事，等等。他这种左右开弓、多样经营的方针，为他带来极其丰厚的利润，使他成为南浔"大象"级的富豪。当时南浔由于富商比较多，于是当地人们用"四象八牛七十二狗”的民谚来比喻他们财富的多寡:财产在百万以上的称为“象”,五十万至百万两称“牛”,三十万至五十万两的叫“狗”。张钧衡就是“四象”之一,可知他的财产之多。据载,1927年底,张钧衡在上海病逝,家人请经济界著名人士张文进负责资产评估。最后,张文进讲了两句话,一是不算常熟、苏州、湖州等地的田地、盐厂、房产及古籍、字画,仅在上海的房地产和其他产业,价值即达二千万元;二是与此同时负债九百万元。所谓“负债”,据说是指做地皮生意被“套”住的部分。

作为徽商,张钧衡继承了“贾而好儒”的优良传统,他特别爱好文化。自己曾经是个举人,虽然考进士失利,但丝毫没有改变他对书籍的浓厚兴趣。他在南浔镇鹧鸪溪上原董说读书隐居处的“丰草庵”和黄叶台旧址,精心构建了一座规模很大的园林,有厅堂楼阁50余间,荷花池二十余亩。

收藏家张钧衡

这座园林叫什么名字呢?张钧衡想到了西晋时人张翰。张翰,字季鹰,曾在齐王司马冏麾下任职。据《世说新语·识鉴篇》载:“张季鹰辟齐王东曹掾,在洛见秋风起,因思吴中菰菜羹、鲈鱼脍,曰:‘人生贵得适意尔,何能羁宦数千里以要名爵!’遂命驾便归。俄而齐王败,时人皆谓为见机”。张翰在洛阳做官,见到秋风乍起,忽然思念家乡苏州美味的菰菜羹、鲈鱼脍，思乡之情不可遏止，乃毅然决然辞官归里。“人生贵得适意”，张钧衡非常欣赏这句话，就是说人生最可贵的是能够按适合自己的意愿生活，所以张钧衡就将这座园林取名“适园”，自号“适园主人”，经常邀集诗书朋友来园吟风赏月，把玩藏品。

张钧衡极爱藏书和收藏金石古董，所以他给自己取字为“石铭”。他既博雅好古，又有巨额财富，藏书家的条件他完全具备了，他不断地收购古代典籍，久而久之，“适园”已聚书十万余卷了。

“适园”藏书有着鲜明的特点：

一是收藏了大量的善本和宋元古本书。古代书籍的形式曾有多次变化，唐以前没有发明印刷术，书籍是用刀刻在竹简上，或用笔写在缣帛、纸和羊皮上。唐发明了模印法后，宋的雕版印刷也已经非常发达，书籍发行量大增，这对传统文化的传播当然起了极大的推动作用。但有一些人出于谋利、扬名等各种目的，刻书时校雠不精、张冠李戴的现象也层出不穷，尤其是民间作坊刻书质量参差不齐，在装帧、脱字、讹字、纸张、字迹等方面存在种种问题。因此古籍也就有了善本和劣本之分。“善”就是好的意思，所谓“善本”，本意是指那些版刻的古籍中校刊好、错误少、装帧好、时代久、流传少，具有学术价值和历史价值的书籍。张钧衡曾邀请著名

《适园藏书志》书影

适园石塔

的藏书家、校勘学家缪荃孙编纂了一部《适园藏书志》16卷，记载了适园内的藏书精华，共有善本书763部、宋元本102部。这在当时可谓价值连城。如南宋光宗时刻本《东都事略》130卷就极其珍贵，这部书曾经被清代怡贤亲王所藏，书上钤有“怡府世宝”“明善堂”“安乐堂”等印记，后来流落到日本，民国初年为董康所得携回国内，张钧衡得知后竟以千元高价买进藏在适园。适园中还藏有北宋诗人程俱所撰《北山小集》和《李贺歌诗编》两部书，都是宋代利用孝宗乾道年间（1165—1173）手写的官府账簿册纸背面印刷的，其中官衔、人名和年月都历历可辨，甚至还留有不少关防朱印，其价值弥足珍贵。适园藏宋刻本《忠经》一书，由小篆、大篆、鸟虫篆等多种字体刻写，起初由明代学者叶盛收藏，后历经清代藏书家钱曾、钱大昕、张蓉镜等多位名人收藏，最后落在适园，也可谓是园中之宝。

二是藏有很多抄本、稿本。由于种种原因，一些未刊印的书籍在社会上仅以手抄本的形式流传，其内容大多夹杂一些闺门风月、大族隐衷，乃至特别为某些人所津津乐道的种种偏嗜及狭癖，只宜书斋、后堂与内府间私相传阅，引为独秘之乐、独享之趣者。自然抄本的价值可想而知。所谓稿本，就是已经写定尚未刊印的书稿，其中，由作者亲笔书写的为手稿本，由书手抄写又经著者修改校定的为清稿本。稿本因其多未付梓，故受人重视，尤其是名家手稿及史料价值较高的稿本，一向为藏书家珍爱。

在适园所藏九百二十多部善本中，抄本和稿本就有四百六十部，占了善本书的一半。适园所藏的抄本中，不乏名家精抄之作，张钧衡曾大批收购当时社会上几位藏书家的旧藏，这几家原都是以收藏或从事抄写而闻名。如就适园全部抄本而言，则宋代抄本四十四部最具版本学上的价值，足供校勘订正明清刊本之用。稿本中以朱彝尊的《逸经补正》、查慎行的《得树楼杂钞》、戴震的《直隶河渠志》最为著名。

黄丕烈校本之一

三是收藏了很多黄丕烈的校跋本。黄丕烈（1762—1825）是清朝乾嘉以来最著名的一位藏书家、目录学家、校勘家，中举后曾辞官不就，一心治学和藏书。所藏古今善本、秘本、珍本极为丰富，因独嗜宋本书，自号为“佞宋主人”。他藏宋版书达百余种，专辟一室为“百宋一廛”而藏之，自作有《百宋一廛书录》一卷。有人作《百宋一廛赋》，他自作注释，说明版刻源流和收藏传授。由于他精于校勘，凡经他手所校之书，尤其是经他校跋品题过的所谓“黄跋本”，在藏书家、书商界颇有声望，学术价值也较高。他去世后，家中所藏书籍成为人们争相收购甚至悬价以求的“宝贝”，因此书价倍增，藏书家均以得藏“黄跋本”为荣。在民国初年，哪位藏书家只要能藏有二十来部的“黄跋本”，便足以傲视群侪。当时蒋汝藻藏四十四部、韩应陛藏六十五部，已是凤毛麟角，可是他们都还远不如杨氏海源阁所藏九十九部，但适园所藏却达一百零一部，在藏书界独占鳌头。

有其父必有其子。张钧衡逝世后，其长子张乃熊(1891—1942)，字芹伯，继承了父亲的遗志，继续广为搜集善本，更扩大了适园藏书。据他所著的《芹圃藏书志》记所藏善本有宋本八十八种，元本七十四种，明本四百零七种。还收藏了董肇镗手抄孤本《南浔镇志》，简称《董志》(未刊印传世，遭散佚)。

在社会动荡的时代，藏书家是掌握不了自己所有藏书的命运的。古往今来，多少藏书毁于战火，还有一些不肖子孙通过各种手段，将祖宗藏书败光。张乃熊当然也深知这一点。抗日战争爆发后，大片国土逐渐沦陷，张氏为保住藏书，在日军占领南浔前，就将所有藏书运往上海，后经郑振铎和徐森玉的介绍，卖给重庆国民党中央图书馆，后被运往台湾，这批珍贵的书籍最终得以保存下来。

收藏大家出溪南

徽商不仅酷爱藏书，而且还喜欢收藏法帖名画、金石古董，这当然要花更多的钱。从来字画、古董有市无价，全凭喜好程度。由于“喜好”，再多的银两也在所不惜。大约从明代中后期开始，徽商中掀起一股收藏之风。

出现很多收藏家的徽州西溪南村

明代万历年间到清康熙初年，徽州歙县出现了一位著名的书画商和鉴赏家吴其贞，他出生于一个鉴藏世家，其父吴豹韦“笃好古玩书画”，尤其爱收藏扇面，号“千扇主人”，实际上吴豹韦收藏的扇面还不止千扇。在这样的家庭中，耳濡目染，使他也嗜好古董，明末清初，他频频往来于苏、浙、皖等地区，开始经营古旧书画，经他过目的书画作品达一千三百多件，最后写成了一部《书画记》，这是我国一千多年来文物交易史中唯一一部由商人所写的著作，使他成为一位著名的书画鉴藏家。

吴其贞于崇祯十二年（1639）曾写道：“忆昔我徽之盛，莫如休、歙二县，而雅俗之分，在于古玩之有无，故不惜重值，争而收入。时四方货玩者闻风奔至，行商于外者搜寻而归，因此所得甚多”。可知早在明代中叶，收藏就已成风，甚至人们将有没有收藏古玩作为区分雅俗的标志。为了追求风雅，徽商不惜重金收购古玩。这在歙县和休宁两县最为明显，因为这两县的商人最先富了起来，才有条件收藏那些法书名画、金石文字、钟鼎尊彝。四方那些收藏家都知道徽州的这种风气，纷纷携带古玩，闻风而至；行商于外的徽商也到处搜寻古玩而归，以炫耀一时。

那么这股风是谁吹起来的呢？原来始于汪道昆及其弟弟汪道贯与堂弟汪道会三人。汪道昆（1525—1593）是徽州最著名的人物之一。他出身于徽商家庭，1547年二十三岁中进士，少年得志，堪称一帆风顺。累官至兵部左侍郎，相当于国防部副部长。在任期间，既英勇抗击倭寇，威震东南，又盛享文名，诗文戏曲，样样精通，可谓武略超群，文韬出众。他的两个弟弟道贯、道会，虽未中进士，但皆以能诗闻名遐迩，时称“二仲”。兄弟三人都好古玩，收藏甚丰。在他们的影响下，徽商中形成了一股长达数百年的收藏之风。

汪道昆像

此风最盛的首推歙县溪南吴氏。溪南吴氏是歙县有名的大族，也是富商最多的家族，因此藏品也就最丰富。首开风气的是生活在嘉靖万历年间的吴守淮。吴守淮出身富商家庭，虽天资聪颖，但屡试不第，遂挟资云游四方。他交游甚广，与汪道昆兄弟结为至交，购买收藏了不少法书名画，花了大量的钱财，且具有较强的古器鉴赏能力。由于自己不会经商，只出不进，坐吃山空，所谓"嗜酒好诗雅成癖，千金散尽家四壁"。晚年竟债台高筑，穷困而死。吴守淮的族兄吴治，在淮扬一带随父经商，豪爽不羁，也以收藏丰富而闻名。连汪道昆都想一睹他的藏品。他曾向明代中后期文坛盟主、史学巨匠、刑部尚书王世贞出示自己所藏精品元代书法家赵孟頫的篆字书卷，又出示赵孟頫篆书《千字文》求王世贞作跋。

吴守淮的侄子吴时英弃儒业贾，成为巨富。他也酷嗜收藏，只要遇到法书名画、钟鼎敦彝，辄倾橐购之，千金也毫不在乎。其交游甚广，常在家置酒高会，书画彝鼎，陈列左右，一边饮酒观戏，一边品赏古玩，真可谓其乐融融。

吴守淮的另一位族侄吴希元(1551—1606)，也是"巨富"商人，特别钟情收藏。平时经常邀请四方名流雅集宅中，扫地焚香，摆上长几，陈列法书名画、琴剑彝鼎诸物，鉴赏为乐。他藏有东晋王献之《鸭头丸帖》、唐代画家阎立本《步辇图》和唐代书法家颜真卿《祭侄季明文稿》等名迹。在这些作品上，都留有其收藏印。此外，他还藏有很多世上罕见的珍品名画。

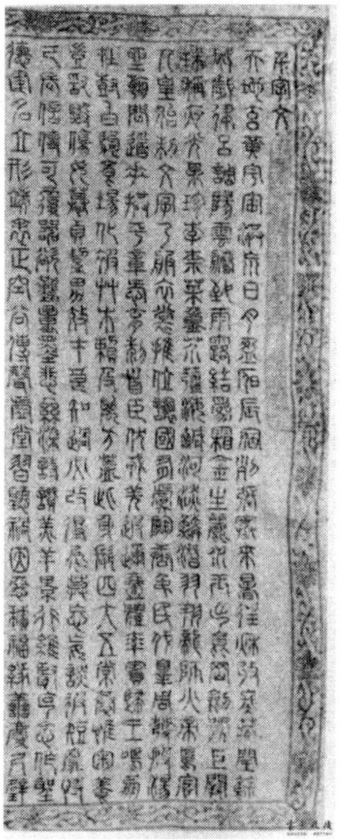
赵孟頫篆书《千字文》(局部)

吴希元生有六子，一子夭折，还有五子，皆以“凤”字排行，人称“五凤”。“五凤”在父亲的影响下，都爱好收藏古玩，每人都藏有名器“青绿子父鼎”，由此可见他们的收藏了。明朝末年著名书画商吴其贞在第五凤吴家凤家还亲眼看到中国历史上有“书圣”之称的东晋王羲之《平安帖》一卷。该帖虽非真迹，但系唐人廓填，上有元人柯九思图记，属刻入《停云馆》中者，“精彩甚佳”，也是无比珍贵的。又有唐颜真卿《祭侄季明文稿》一卷，书在白麻纸上，纸墨并佳，有鲜于伯机等题识，较之《停云馆》帖，笔画圆健，连吴其贞也认为“信为真迹无疑”，这就更为宝贵了。

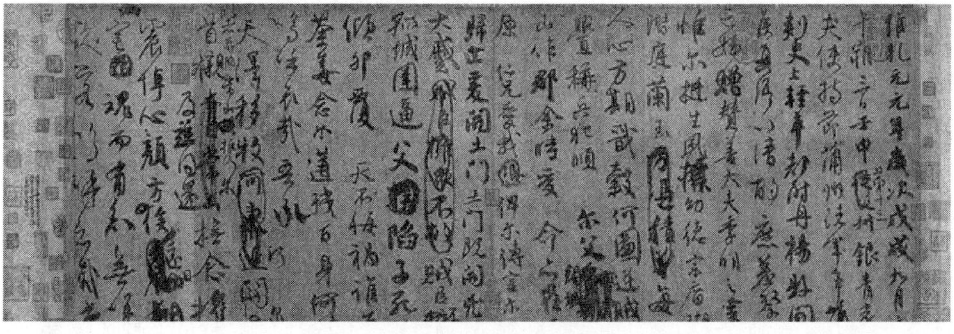
颜真卿《祭侄季明文稿》

贾而好儒

吴希元的族属兄弟吴能远，也是古玩收藏家兼古玩商，家中藏有很多法书名画。收藏家之间总是经常互相交流，吴能远与昆山人张丑就常有切磋。张丑既是收藏家，又是鉴赏家、文学家，曾著《清河书画舫》十二卷，对"鉴定之学"颇有研究。他得知吴能元家藏丰富，迫切希望一饱眼福。吴能远首先拿出梁临《乐毅论》，《乐毅论》是书圣王羲之小楷名迹，真迹早已不存，此为后人临摹本，上面还有邢侗再跋；再拿出五代南唐画家周文矩《戏婴图》卷，为宋高宗秘本，后有钱舜举诗及文休承等跋；还有北宋秦观《临禊序》、南宋画家赵千里《山园图》大幅、赵孟頫《临黄庭经》和《处静斋图》、元末明初画家倪瓒《双树筠石》小幅以及明代沈周、唐寅、文徵明、仇英山水共十余轴，"一一皆精"。看到如此多的世间宝物，连见多识广的张丑也非常感慨地说："余一日而得纵观诸家名迹，非有翰墨缘者，不能享此清福耳"。过了十几年，张丑第二次造访吴能远，吴又拿出不少珍品，让张丑赞叹不已。

溪南还有一位吴国廷，也是著名收藏家，家中晋唐法书名迹甚多，他专门从事书画买卖。他的哥哥吴国逊在长三角一带经商，家产颇丰。兄弟二人联手携带重金来到京城，全部购买书画鼎彝之属，由于他们精于鉴别，所有拿赝品出售者都被他识破，所以他们收购的古玩都是真品名迹。不久，他们的藏品又全部被人收购，所赚的钱何止十倍百倍。

溪南吴氏可真不得了，因为富商多，所以收藏家也多。除了上述以外，还有吴本文、吴元定兄弟，吴其贞根据亲眼所见记载：吴本文家所藏的元人墨迹、宋元名画颇多，而且皆为绝妙者。还有唐人临本《东方朔黄像赞》一卷、仇英《前赤壁赋》卷、唐寅《香山图》卷、祝允明《兰亭图》、徐幼文《狮子林图》等，都是精妙无比。他家还藏有青绿腰花尊一

祝允明《兰亭序图》

只、有盖金花觯一只、小金龙交牙彝一只、宋高宗《杜陵诗》、宋徽宗《大白蝶图》小绢画和赵孟頫二赋等，这些无不都是世上罕见之物。吴梦符家藏有宋画《田舍图》绢画，吴其贞评价此画画法“不工不简，有意尽而笔不尽之意”。吴大年及其继子吴文长也是收藏颇多，有一次吴其贞到吴文长家造访，吴文长为其出示画幅二百余，手卷四五十，画册数本。其中李伯时《白描罗汉图》“画法精俊，气韵绝伦，为神品画”，后有赵孟頫题跋。又出示玉铜窑器，内有周铜方觚，花纹精彩，价值千金，“为当世名物”。还有梅道人的《江村溪乐图》，也是绝妙无比。

吴桢，出身于经商世家，家资丰赡，也酷爱收藏，所藏法书名画极多。他与当时名士董其昌、陈继儒过从甚密。陈继儒说吴桢对这些书画“朝夕临摹，饥以之代肉，寒以之代裘”，简直到了如痴如醉的程度了。

商于淮扬的吴藩，也好古玩，所藏名器甚多。清初吴其贞在他的扬州寓所还见到宋人临本虞世南《汝南公主墓志》一卷。

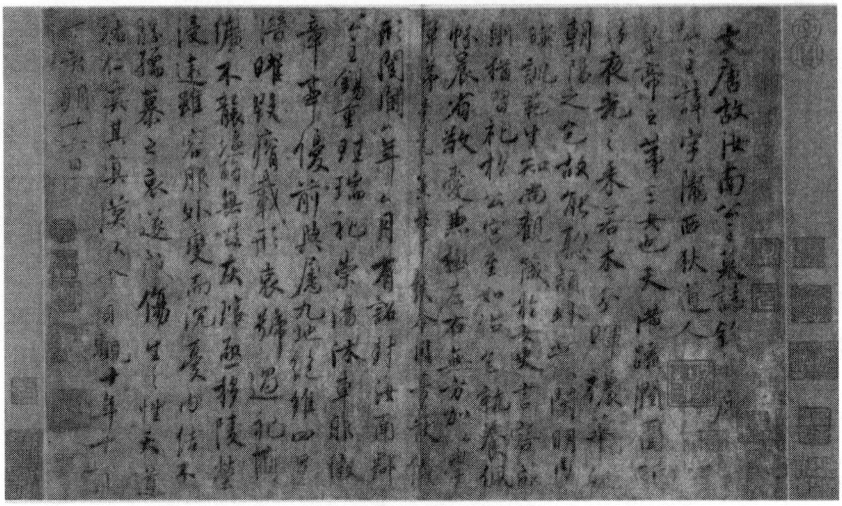

虞世南《汝南公主墓志》

皆尚古玩的丛睦坊

徽商中的藏家，何止溪南一处，歙县的丛睦坊也是收藏的渊薮。丛睦坊是个村庄，明清时属十九都十一图，主要居住着汪氏子孙。丛睦坊汪氏经商者众多，因此饶有资财者也很多，在收藏风气的影响下，这里也出了不少商人兼收藏家。

说起丛睦坊的收藏家，当然要首推汪汝谦（1577—1655），他号然明，又号松溪道人，是个大商人，因在杭州经商，也就移居于此，家中十分富有。汪然明像很多徽商一样，贾而好儒，因此具有很高的文化素养和艺术素养。在他致富后，除了古道热肠，大力从事公益事业以外，就是读书吟诗，结交天下名士。他和文坛泰斗钱谦益、江南名士陈继儒交往很深，乃至死后，钱谦益亲自为他撰写墓志铭。他寓居杭州，最引人注目的事是，他在西湖建造了几个画舫，大的一只叫“不系园”，由陈继儒题额；一只叫“随喜龛”，陈继儒题诗；小画舫叫“团瓢”“观叶”

“雨丝”“风片”。他经常邀集名流雅士，登聚画舫，饮酒赋诗，弹琴吹箫，荡漾西湖，乐而忘返。汪然明又将大家的“啸咏”之作结集成《不系园集》和《随喜龛集》，在文坛产生很大影响。

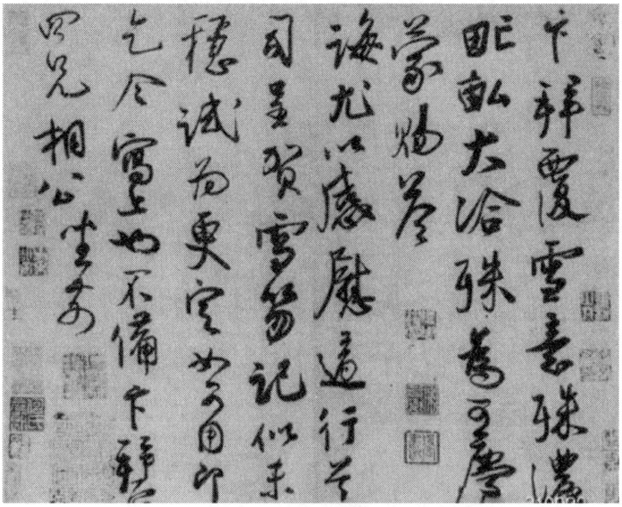

蔡卞《雪意帖》

汪然明作为一位商人、诗人，又酷爱收藏。因为不缺钱，所以见到法书名画，他总是不惜重金购买收藏。自然，他的收藏很快吸引了收藏家吴其贞。吴其贞至少四次亲自到汪然明在杭州的宅第观画：第一次观看宋代画家赵千里《明皇幸蜀图》大绢画；第二次观看唐代一流山水画家郑虔的《山庄图》，吴其贞评价该图“画法圆健，如锥画沙，绝无尘俗气，神品上画也”；第三次观看宋代书法家蔡卞的《衢山帖》，吴其贞认为该帖“书法秀健，逼似《淳化帖》上柳子厚书”；第四次观看宋代杰出书画家米元晖《杂诗五首》一卷，吴其贞大加赞赏，认为该卷“书法熟健，秀色奕奕，如此妙书，信乎宋之二米可继晋之二王”。汪然明藏了这些唐人宋人书画，可见其珍贵价值了。

同是丛睦坊人的汪宗孝是扬州盐商，自然也是家财丰赡。他同样痴迷收藏，家中金石古文、法书名画、彝器古玉甚为丰富。他虽为商人，却也倜傥不羁，交游甚广。与国内一些著名收藏家多有往来，由于他腰缠万贯，财大气粗，往往把其他收藏家的名品也收入囊中。如原为著名收藏家朱忠禧、谈志伊所藏的册子，后来转到汪宗孝手中；元代画家黄公望的《层峦积翠》小幅，笔墨秀润，南朝宋书法家谢庄的四篇词翰真迹，是米芾的故物，原为收藏家贺方回藏本，后也被汪宗孝买得；甚至明代大文学家王世贞的家藏宝贝——唐代书法家虞世南《汝南公主墓志》，也变为汪宗孝藏品。他家还有《夹雪本阁帖》对幅，黄公望写桐柏山真景，“俱妙绝”，他家所藏米芾真迹极多。他曾将自己所有藏品编了一个收藏目录，他去世后由其子装潢成帙，文豪钱谦益看到后，特作《新安汪氏收藏目录歌》以表纪念。

元代画家王渊的《双安图》

明末丛睦坊人汪莩敬也是收藏家，藏有元代诗人、画家、书法家萨都剌（字天锡）的《云山图》纸画真品、明代画家谢缙所画的《溪山草堂图》、明代画家赵元所作的《清溪垂钓图》小纸画、明代画家唐子华的《松阴高士图》等，这些藏品吴其贞均有过目，曾大加赞赏。另外他还藏有不少古玩。

还有汪无芳，也是一名商人或商人子弟，自己就是画家，所绘花卉，出类拔萃。因此他特别爱藏古代名画。他藏有宋元人小图画一册，吴其贞看了后赞不绝口，认为真正是“妙品”。他认为，其中宋代画家马贲的《独立朝江图》，“秀韵古雅，逼似唐人”；元代画家王渊的《双禽采实图》，“画法精细，风彩欲下”；北宋杰出画家郭熙、世称“郭河阳”的《拖杖度桥图》，“画法松秀，气韵幽然”；北宋宫廷画家苏汉臣的《击乐图》，“用笔清劲，逼似唐人”；南宋画家林椿的《林檎山鸟图》，“画法精妙”；南宋宫廷画家马远的《柳溪水阁图》，“画法高简，气韵幽闲，为远绝妙之作”；北宋初期国画宗师、被誉为中国山水画之父的李营丘《雪天运粮图》，“画法简略，气韵颇佳”。

明赵元《陆羽烹茶图》

从睦坊的其他汪氏商人也多有收藏，他们凭借自己丰厚的资财、广泛的交往和丰富的阅历，活跃在我国文物市场上，把很多文物都收购来，使得新都汪氏收藏在明代中后期名声大噪。

活跃四十余年的书画商吴其贞

清顺治十三年(1656)农历四月二十二日，在江苏泰州泰兴的一幢豪华大宅里，一场文物鉴定正在紧张地进行。

大宅主人是朝廷吏部侍郎季寓庸，他家富有资财，又酷爱书画，立志想收尽天下法书名画藏于家中。所以长期以来,他不惜巨资,通过各种渠道,收购了大量书画,俨然是个收藏家。然而,他虽然志向很大,又很有钱,可是因为目力不够,所收藏的书画中难免鱼龙混杂,真赝难分。经人推荐,他决定礼请一位高手帮他将家中的藏品一一鉴别。

苏东坡书法长卷《九歌》(局部)

只见主人指挥几个仆人从保管室内将各种书画一件件搬到大厅里,然后在一尘不染的大桌子上,小心翼翼地打开两件书画——苏东坡书法长卷墨宝《九歌》和《前后赤壁赋》,恭请高手发表高见。只见那位高手聚精会神,仔细品鉴,不禁赞不绝口:“东坡宗法晋唐,从王右军《兰亭》入手,得潇洒婉润之姿,中岁改学颜真卿,书趋工稳深沉,雄放含蓄,堪称神品!”然后他指着《九歌》对主人说:“你看,整幅书法动静相映,工拙天成,妙造自然。神品!”主人及其儿子们在一旁连连点头称是,露出非常喜悦的神情。接着,主人又让仆人打开米元章(米芾)小楷《挽联》,那位高手一边端详一边夸赞:“米元章天资高迈、人物萧散，书画自成一家，尤其讲求意趣和个性，此幅表现得十分突出”。主人又亲自打开五代宫廷画家黄筌的《寒菊幽禽图》绢画一幅，高手低头凝神屏气，注目观赏，好大一会抬头对主人说了八个字：“画法精细，气韵逼真”。

这天，此位高手为季寓庸侍郎品鉴了一百多幅作品，其中多为名品，当然也有的书画，刚一展开，高手就说是赝品。而且，他对每幅书画都是目看、口述、手记，三管齐下，说得主人心服口服。一天下来，主人不仅非常感激，而且佩服得五体投地，对他说：“君之能超过手挥七弦琴，目送千里雁矣”。三国曹魏时著名文学家、“竹林七贤”之一嵇康有《四言赠兄秀才入军诗十八首》，其中有句“目送归鸿，手挥五弦。俯仰自得，游心太玄”。季寓庸侍郎变用此诗句赞扬请来的这位客人手脑并用、眼观口述，确是书画品鉴界的高手。

这位高手是谁？

他就是徽州著名的书画商吴其贞。

吴其贞，字公一，徽州休宁商山人。生于明代万历三十四年(1606)，根据他自己记录最后一次书画交易是在清代康熙十六年(1677)，那么他至少活到七十多岁。吴其贞生活在一个书画商世家，其父亲吴豹韦一生笃好古玩书画，性嗜真迹。吴豹韦特别喜欢收藏扇，家中扇面堆积如山，号“千扇主人”，

徽州休宁商山古村落

然而他的扇面决不止千数。可见他家是富有资财的。也许就在这些文物的收购贩卖一进一出中,积累了很多财富。吴豹韦是个有心人,每次品鉴或买卖书画时,都将年轻的吴其贞带在身边,一方面让他见识各种各样的收藏家;一方面教他如何品鉴书画的优劣真赝,以锻炼他的目力,也就是鉴别能力。而且,吴其贞的很多亲戚如伯父、叔叔、兄弟、表兄弟、堂兄弟、侄子、侄孙乃至自己的儿子也都是从事书画古董的收藏和交易,正是在这样的大环境下,经过长期的耳濡目染、潜移默化,吴其贞慢慢成熟起来,加上他自己的悟性高,所以他在二三十岁时,就可以独自活跃在书画古董市场了。

吴其贞真是生逢其时。

我们知道,明代中期以后,随着徽商的崛起,很多人的钱囊鼓了起来。发家致富以后,除了建房买田之外,又开始收藏古玩,而且形成了一种风气。风尚所好,涌现了一大批以收藏而闻名的宗族、世家或者个人。徽商的收藏固然有追求博古通今的学术趣味和文人生活的格调展示的一面,但很多人钟情收藏,不可否认也有谋利的一面。精明的徽商自然看到这些钟彝古鼎、法书名画巨大的潜在价值,他们在古玩市场上成为十分活跃的商人。吴其贞就是其中的佼佼者。

访　画

吴其贞既然以此为职业,所以他就把全部时间和精力都投入其中。当然大部分时间是走访。当时徽州从事收藏的人非常多,既有个人也有家族,例如,歙县溪南吴氏就是晚明收藏古董字画非常著名的宗族。该族藏品数量之丰、品质之高,堪称休宁、歙县之冠。早在吴其贞未出世前，溪南吴氏宗族就以收藏著称了。如吴守淮是位富商子弟，家多资财，就曾携资浩游江淮吴越之间，斥买重器，珍藏法书名画。守淮的侄子吴时英由于科场失利，弃儒从商，有了钱后就钟情收藏，每“遇法书名画，钟鼎敦彝，辄倾囊购之，不遗余力”。吴守淮的另一族侄吴希元，大约与吴其贞为同时代人，也是家资万贯，自己又好风雅，家中收藏有大量法书名画、琴剑鼎诸物，一有空就邀请一些名流雅士前来观赏品鉴，以为一大乐事。诸如颜真卿的《祭侄季明文稿》、阎立本的《步辇图》和王献之的《鸭头丸帖》等稀世珍宝都是他的藏品。

阎立本的《步辇图》

吴希元有六个儿子，一个早死，另五个儿子也都从事收藏，由于都是“凤”字辈，时人呼为“五凤”。溪南吴氏宗族除上述三人之外，还有很多人也酷爱收藏，也有不少法书名画、钟彝古鼎，堪称一个古代博物馆。

对这样一个相距不远的文物宝库，吴其贞当然渴望亲临现场，一饱眼福了。于是在1640年农历四月三日，三十四岁的吴其贞到访溪南。溪南丰富的收藏，简直让吴其贞目不暇接，流连忘返，在这里他竟盘桓了半个月。在这十几天里，吴其贞观看了溪南吴氏宗族大部分收藏精品，也充分展示了自己品鉴书画的高超水平。如在吴文长家，主人竟然拿出二百余幅画，手卷四五十，画册数本，当时吴氏门客吴可权、汪三益说："这些书画你恐怕要准备看三天"。吴其贞却说："古人看书，一目下三行，今看画岂不能一目下三幅耶。但开卷快，不怕多也"。于是吴其贞与吴可权、汪三益三人齐开齐卷，如风卷残云，半天就看完了。而且美丑口述，无所遗漏，宋元佳品也都一一记录在案。吴其贞的鉴赏速度之快、水平之高、评价之准，让吴文长、吴可权、汪三益他们三人无不瞠目叫奇。吴文长家的藏品给吴其贞留下了深刻的

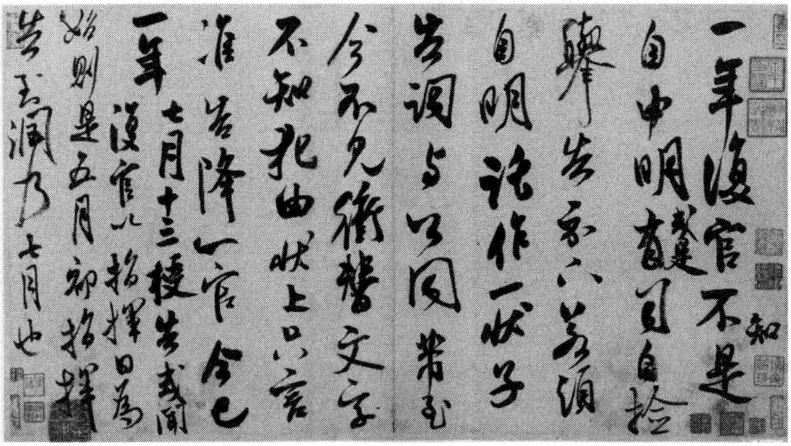

米芾帖

印象。如宋米芾的《知府二帖》，吴其贞评价："书法雄秀，精彩爱人。……如此天然意趣，非工秀到家不能有此，可见元章(米芾字元章)书法妙入神矣"。赵孟頫的《老君图》绢画一卷，吴其贞认为："画法不工不简，有意到笔不到之妙。后书其清净经，书法端楷，丰资妩媚，盖得黄庭之三昧，为神品之书"。看到米芾的《绛县帖》，吴其贞发出惊叹："书法雄秀，锋芒射目，为超妙入神之书"。对宋代李公麟《白描罗汉图》纸画大册子一本，吴其贞爱不释手，高度评价："精彩如新，画在澄心堂纸上，是为布景者。画法精俊，气韵绝伦，为神品画"。

当然也有一些书画，吴其贞直接指出了它们的不足，如元代赵雍

(字仲穆)《士马图》绢画一幅,吴其贞看了后说:“气色尚佳,书法精好,为能品上画。然非仲穆,乃盛子昭佳作耳”。对北宋画家郭熙的名画《寒林平远图》大绢画一幅,吴其贞评论道:“气色尚佳,书法松秀,然非郭画,乃明朝沈周画也”。

除了吴文长家外,吴其贞又访问了在吴氏宗族中鉴赏书画能力公认第一的吴本文家,观赏了他家的藏品,如曹霸《牧马图》绢画一卷、王齐翰《江山隐居图》一卷、李景道《仕女图》绢画一卷、顾长康《洛神图》

顾长康《洛神图》

绢画一长卷等等,评价甚高,认为“所见名人墨迹、宋元名画颇多,皆为绝妙者”。吴本文又将吴其贞带到自己的兄弟吴元定家,也让吴其贞一饱眼福。吴其贞见到了明代仇英的《前赤壁赋》图卷、唐寅的《香山图》卷、祝允明《兰亭图》、徐幼文《狮子林图》,吴其贞评价:“皆精妙无出于右者”。吴元定家还藏有青绿腰花尊一只、有盖金花觯一只、小金花交牙彝一只,其色皆为青瓷莹润,几欲滴下,吴其贞叹为“周铜器皿之尤物也”。吴其贞还专门拜访了溪南“五凤”家,一一观赏了五兄弟的宝贵藏品。

溪南之行,让吴其贞大开眼界,大饱眼福。过去曾风闻而未能亲见的宝物，这次都能一一寓目，增长了很多见识。

吴其贞为了访画，到过休宁、歙县、杭州、扬州、常州、泰州、嘉兴、绍兴乃至乡野僻壤、深山寺庙，只要得知某人有画，他一定设法前去观赏。有人统计，经他过眼的书画有1300多件。吴其贞堪称见多识广的书画商。

王羲之行书《千字文》

吴其贞赏画有时竟能通宵达旦。有次他来到泰兴季因世先生家观画，季家藏画丰富，很多是吴其贞未曾寓目者，吴其贞如获至宝，细细品赏。不知不觉天已黑了，主人拿出绍兴朱氏汉玉龙尾觥行酒，并说："古人说过灯前酒后不可观书画，我欲破此禁，君意若何？"吴其贞当然求之不得："适兴事何不可？"此时已经三更了，主人于是命仆人秉烛，悉陈书画于前，两人一边用龙尾觥喝酒，一边观赏晋唐宋墨迹，并一一品评，吴其贞还一一记录，待旦而别。这一天一夜，吴其贞观赏了唐代贺知章的《孝经序》一卷、东晋"书圣"王右军（王羲之）的行书《千字文》一卷、《兰亭记》一卷、南宋画家赵千里的《归去来辞图》一卷、《宋元小画册》二本计六十则、五代时宫廷画家黄筌的《寒菊幽禽图》绢画一幅等等，真是琳琅满目，仅吴其贞详细记录在案的就有十九幅之多。

访画既有乐趣，也有惊险。有次他听说米元晖的《云山图》和关仝的《晴冬寒林图》近日为李周生买去，李周生并约吴其贞前来观赏。谁知走到半路上，忽骤雨倾盆，山水陡涨，赶到梅林桥时，桥已被洪水冲垮，山洪势如山崩。因观画心切，吴其贞赶紧付钱让船夫将其渡过河。至返渡时，雨也停了，水也退了，吴其贞竟然害怕起来，船夫笑着说："你刚才去的时候，水高一丈，不以为畏，今来时水消有半，为何反倒怕了起来？"吴其贞说："是啊，去时心在画而忘于水，来时心在水而忘于画，故不畏前而畏后也"。可见吴其贞为了看画，危险已经置之不顾了。

交　友

吴其贞作为一名专职书画商，自然要广交朋友，扩大人脉关系，拓宽信息渠道。因此几十年来，他从未停止过交友，交友的同时当然也是在访画。

明代文坛大家王世贞有一段描述徽商引领收藏潮流的文字："画当重宋，而三十年来忽重元人，乃至倪元镇（元代画家、诗人倪瓒）以逮明沈周，价骤增十倍；窑器当重哥（窑）、汝（窑），而十五年来忽重宣德（窑），以至永乐、成化，价亦骤增十倍。大抵吴人滥觞，而徽人导之，俱可怪也"。可见，收藏之风兴起，与"吴人"有很大关系。所谓"吴人"，就是泛指江苏南部、浙江北部一带的人，这一带当时是全国经济最发达的地区，富人较多，文化也较繁荣，因此很多人爱好收藏，形成了收藏风气。在此风影响之下，富有资财又腰缠万贯的徽商立马跟进，推波助澜，导致此风更盛。一部分徽商将藏品运到徽州，而在扬州、苏州等地定居的徽州商人家里也有不少藏品。

倪瓒山水画

吴其贞交友,当然要到“吴”地,与“吴人”交友。几十年来,他可以说大多时间是在吴地渡过的。在他的所有朋友中,除了本族的亲戚外,主要有这几类:

一是徽州藏家。其中如休宁居安的黄石先生,是士大夫中鉴赏名家,吴其贞在他家观赏了不少名画;岩寺的王泰,是个狂士,涉猎经史,讲究超人,善摹祝枝山行楷,达到乱真的程度;岩寺的赵子元,祖孙三代皆业古董,颇有目力;徐太冲,鉴赏名家徐若水之弟;岩寺汪麟玉、郑方仲、王伯敬、方胖子;歙西人方公瓒;歙县丛睦坊汪无芳,善绘花卉,可谓出类拔萃;古董前辈夏季远,还从他那里买了《秋江垂钓图》

秋江垂钓图

和元人书札三纸;榆村藏家程邃修,家所藏赵松雪行书小楷共四卷,文衡山、祝枝山、王雅宜、董思白小楷不胜计。另外他与休宁的王越石也是朋友。王越石一门数代皆业古董，目力过人，惟越石名著天下，士庶莫不服膺。王越石客游二十年始归，回乡后持携诸玩物访其贞，在其贞家的"怡春堂"把玩文物，盘桓三日而返。

二是外地藏家。如杭州的汪然明，是两淮巨商，祖籍歙县丛睦坊。子登进士，为人风雅，多才艺，交识满天下，士林多推崇之。吴其贞曾多次亲临其宅观画。还有姚又度、吕宁之、刘君诚等，绍兴张维之、朱子祐、朱子藏、高大老、骆用臣、汪久如、朱九老、萧氏、朱石门、朱子式、张汝公、骆用臣、钱圣宇等，苏州曹秋岳先生、朱我安、顾维岳、顾千一、归希之、陈厚甫、吴圣九、古董商陆二泉等，苏州朱玉麟医生也是吴其贞的莫逆之交，吴其贞曾在他家观赏南宋杨慈湖《御龙氏像图》绢

骑驴踏雪图

画斗方、巨卿《骑驴踏雪图》小绢画以及元代著名书法家鲜于枢的《千字文》、赵孟頫的《书简》。嘉兴沈仲谋、项子昆、姚水滃、钱叔嘉、陆秀才也是吴其贞好友。扬州两淮大盐商江孟明笃好古玩，家多收藏，由于是徽州同乡，吴其贞曾在他家观赏了十二种法书名画。扬州陈以谓、刘我育、张黄美、吴期玉等，金坛于子重乃大鉴赏家于包甫之子，也是收藏家，他们都与吴其贞结为好友。京口张则之为海内名家，所藏尚多，不轻易出视于人。但吴其贞来了还是观赏了倪云林、王叔明、徐

熙等小画数幅。湖州沈基玉,金陵陈师仲、李升之等,吴其贞都专门拜访过。

三是官员家庭。那时官员中也颇多爱好收藏者,吴其贞也多方设法与他们及其后代交上朋友。如歙县人殷正茂,曾先后任南京户部尚书、刑部尚书,家中不少藏品。他去世后,其孙殷觉非曾持藏品登门拜访吴其贞。钱塘张文光是名进士,居官清介,和乐平易。理政之暇,惟好博古,家多收藏。吴其贞在他家观赏了六幅名画。再如武进人庄冏生,进士,在苏州建有园林,长于临池丹青,雅好古玩,家多收藏,大都得于宫廷,吴其贞也与他交友并到他园中观画。吴其贞还和庄冏生一同到韩古周家观画,韩古周父亲曾是朝廷礼部尚书,藏有名贵书画。他们品赏了《宋徽宗临卫协高士图》绢画一幅及卷后副纸上宰相蔡京的题识。此二卷韩古周视为至宝,"寝食不离者数十年"。他能将此宝物给吴其贞等品赏,可见他们友情非同一般。丹阳姜二酉,本尚书公子,家豪富,好书画,吴其贞也曾同张范我应邀前往观赏唐宋元书画数种。常州唐云客、茂宏、仁玉三兄弟家,是官僚世家,八代皆元魁,云客、茂宏也是举人,好古玩,嗜茶香,鉴赏目力亦过人。他们曾邀吴其贞来府观赏书画。常州世家子弟陆家达以及苏州前金衢道王仲和先生家藏甚丰,藏品也经吴其贞寓目。苏州汪居望进士,笃好书画,尤嗜明人。吴其贞也赴其苏州府第观赏明代画家沈周、唐寅画数幅,皆绝妙者。嘉兴沈子容父子皆为进士,先后在工部任职,皆好古玩,家多收藏。吴其贞应邀去其府第得见宋拓祖本木刻《淳化帖》十卷,上有文衡山小楷题识,系明代著名收藏家、鉴赏家项墨林之物,初只七本,又得华氏、文氏三本,合为之。纸墨一色,皆是浅拓。若祖本全部,海内闻见仅此而已。又观明人书画,如仇英《独乐园图》、《文姬十八拍图》,皆精妙作也。其余玉、铜、窑器精妙者甚多。嘉兴太守李国栋也是吴其贞好友，曾邀吴其贞赴公署观赏很多字画。

明代仇英《独乐园图》

四是寺院僧人。那时寺院往往是古董的交易场所，如吴其贞家乡村口有龙宫古刹，每当秋月，百物萃集，为交易胜地，自然也是书画交易市场。而一些僧人也藏有一些法书名画。吴其贞就与他们交上朋友，如吴其贞里中的冠松庵，僧必之就是吴其贞朋友，吴其贞在他那里买过画。还有宝觉上人，是一孤僻高僧，吴其贞曾在其处观赏过《贯休长眉长者图》小绢画一幅，被他誉为“无上神品”。杭城觉苑寺、嘉兴秋水庵也时有书画交易，吴其贞也曾光临。

五是裱室匠人。法书名画常要到裱室装裱，因此裱匠见多识广，眼力不凡。吴其贞经常到裱室观赏书画，也同裱匠交流心得。他就曾在杭州裱室观赏过五代著名画僧贯休《罗汉图》小绢画十六幅。吴其贞也曾光顾过顾禹玉裱室、杭州徐孟长裱室、扬州张黄美裱室，苏州名裱褙（裱匠）王子慎、陈裱褙等也成了吴其贞的朋友。

贯休作品

鉴　别

作为一名书画商,如果不懂得鉴别藏品的真赝优劣,那将会受到大损失,这是不言自明的。由于书画古董蕴藏着巨大的潜在价值,所以社会上始终有一些不法之徒在书画古董的作伪方面上下其手,费尽心机,使得当时书画市场上赝品充斥。

沈德符在《万历野获编》“假骨董”一条中揭示了当时古物交易中作伪欺世成风的现象:“骨董自来多赝,而吴中尤甚,文士皆借以糊口。近日前辈修洁莫如张伯起,然亦不免向此中生活。至王伯谷则全以此作计然策矣”。意思是说古董从来就有很多假货,而苏、浙一带更甚,不少文士就靠造假糊口。前辈中能洁身自好的像张伯起先生,也不免在古董造假中讨生活。到了王伯谷则全然以此为生意了。有一天,沈德符路过王伯谷宅,就进去坐了一会,看到身旁有一破旧不堪的案几,墙上挂着一顶破烂斗笠。王伯谷竟然利令智昏,指着案几,对沈德符行起骗来:“这个案几就是我们苏州吴匏庵先生小时候到外面学习时坐的”。吴匏庵即

明《万历野获编》书影

吴宽(1435—1504),字原博,号匏庵,为沈周同乡,成化八年(1472)状元及第,累官礼部尚书,兼翰林学士,时称吴太史。又指着斗笠说:"这斗笠是当初明太祖朱元璋赐给十位高僧,而吾乡姚广孝少师即道衍和尚拿到的就是这一顶,可是个宝货啊"。沈德符自然不屑一顾、一笑置之了。

当时,作伪的手段主要有以下几种:

一是切割分装。即将一幅画分割成数幅,分别装裱,分头出售,以牟取暴利。据吴其贞披露:像扬州藏家陈以谓有一本书画册子,集有很多名画,实际上多是将一大幅画分别切割成扇面大小,这样一幅就变成几幅,可以卖得好价钱了。知道其真相的人都称陈以谓为"书画刽子手"。吴其贞还说了亲见的一件事:他曾在杭州翁氏家看到南宋著名画家吴炳的《桂花八哥图》绢画一方幅,气色尚佳,画上两棵桂花树,一八哥栖在桂花枝上,精彩如生,识"吴炳"二字。此图后售于人,被人从两棵桂花树之间分作二幅,一棵树上有八哥,一棵树上无八哥,复画一鸟栖在桂花枝上,欲啄飞蜂,如没有看过原作之人根本看不出来这是一分为二的。可见作伪者确是挖空心思了。

二是补加落款。这是书画作伪最常见的手法。原画无款者,随意添加前朝名家款,本为宋画,却添加唐代名人落款;本为元画,却添加宋代落款,如此等等,使书画价值徒增。

三是临摹充真。以临摹本冒充原作,为历代作伪者惯用伎俩。例如市面上题为南朝梁陶弘景的《雪赋》书法,实际是四五百年后南唐李后主临摹陶氏的作品。由于书法雅正,多有颤笔,谓之金错刀。这恰是李后主的书法风格特征,被人识破。题为北宋著名画家李公麟的《西园雅集》,实际是清代人的摹本。徽州人吴民仿前代各种窑器,咄咄逼真,堪称高手,本地人都将其仿制品称为"民窑",但外地人可就当

南唐李后主像

真了。歙县溪南的吴氏家人吴龙，聪明多技艺，无师自通。若临摹宣铜炉，接补汉玉颜色，制琢灵壁、假山石，修补青绿铜器，一一皆瞒过有见识者，人称“溪南神手”。

四是补残成全。历史上有的书画原作在流传过程中，破损缺失，今人将缺失的部分补全。若有根据，补者又有水平，不妨是一种补救办法。但也有不少是想当然补画，以图增值。

此外还有挖镶补画、刻版印画冒充手绘等等各种作伪手法，不一而足。

吴其贞见多识广，凭借自己多年积累的经验及自己的悟性，在书画市场上表现出高超的鉴别水平。

某日，吴其贞品鉴元代梅道人《源头活水图》一幅，他认为“纸盖澄心堂也。气色佳，绘高松山水景，作劈斧皴，书法文秀有殊于常”。确实是一幅好画。上面题了两句朱熹的诗：“问渠那得清如许，为有源头活水来”。落款为：“元统三年冬十月为德翁作。梅花道人”乍一看，似乎浑然一体。但吴其贞眼力过人，他仔细观察，终于发现“德翁”二字是后人挖去原字而补镶上的。他又指出：“此段下段水口原纸，后人复接上，纸有二三寸，亦补其画。使水口高之”。他认为，本来是幅好画，这一接纸，又复补画，真“画蛇添足也”。一番分析，头头是道，说得此画主人连声感叹：“佩服！佩服！”

有一次，在嘉兴书画商李嘉会家观画，李嘉会先拿出《元人山水图》七则一卷请吴其贞评鉴。这分别为元黄大痴（黄公望）、徐幼文、赵仲穆、梅道人（吴镇）、方方壶（方从义）、庄文照、王叔明（王蒙）七人之画。吴其贞对这七人的画风可谓了如指掌，他仔细看过后说："五张画是真的，惟有黄大痴、王叔明二人之画是鱼目混珠"。然后又把他的理由详细说给李嘉会听，李嘉会连连点头称是。

李嘉会又拿出元人黄大痴《溪山风雨图》纸画一卷，请吴其贞品鉴。吴其贞看后评价道："书法秀嫩，风韵颇高。然非大痴亲笔，而是当时人仿大痴笔也。其识款也是后人增添"。

还有一次，吴其贞来到苏州，藏家顾千一盛情邀请吴其贞来他家看画。顾千一先拿了一幅五代时画家胡瓌的《番人盗马图》纸画一卷，请吴其贞鉴定。吴其贞看后说："丹墨尚佳，画法意思有余，气韵不足，是为宋画，非唐画也"。顾千一点头认可。又拿出一幅宋代著名画家李伯时《三贤图》纸画一卷，吴其贞端详一会说："此画作在澄心堂纸上，画法草草，颇得意趣，但却并非李伯时所画"。顾千一问："为什么呢？"吴其贞说："伯时作画，极其认真，不像此画草草"。"那这是谁画的呢？""也是宋人所画，大抵宋人仿伯时画最多。"顾千一完全同意其贞的看法。

在扬州吴肯仲家观画时，吴肯仲拿出两幅画，其一是元代著名画家王蒙（字叔明）的《万叠春山图》纸画一幅，吴其贞评论道："纸墨尚佳，画法柔软甚于风韵，从画法上看，是陆天游画，非叔明也。画上虽然有王叔明图书，但这是伪造的"。其二是五代时人李赞华《射鹿图》纸画一小卷，吴其贞经过仔细鉴定后说："气色尚佳，画法沉着古雅，允为神品。卷后有元宋德润等四人皆题作赞华画，实为明人黄道宗画也"。吴肯仲不能相信，问道："宋德润等四人皆题作赞华画，你为什么说是黄道宗画的呢？"吴其贞指着题识说："四人题识最后三个字原为黄道宗，后人将此三字抹去，换上赞华画三字，你仔细辨认，黄道宗三字尚有痕迹呢？其实明人沈石田（沈周）知道原委，欲题出道宗，恐翻前案,故题诗末句云:‘欲辨题痕迷纸缝’,这就是一种暗示,可见石田为人蕴藉而有盛名,诚不虚誉”。一番话说得吴肯仲心服口服。

不管是后人全部作伪或是部分作伪的书画,吴其贞都能识别出来,也有的是时人认为是假的书画,吴其贞认定是真迹。例如东晋王献之的《鸭头丸帖》,收藏界评论人士认为这是假的,原因是“帖子不应用绢”。吴其贞凭藉自己长期积累的经验,指出东晋帖子其实是可以纸绢并用的。他还指出:“颜鲁公自书《官诰》一卷。世人都怀疑官诰不应用纸书写。殊不知这是鲁公自欲所为,非惯例也。如王大令《鸭

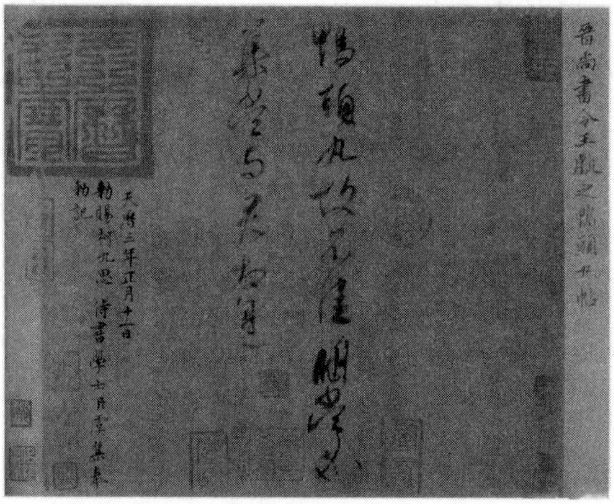

王献之《鸭头丸帖》

头丸帖》、怀素《苦笋帖》皆用绢,也都是自欲所为之类。”更重要的是,帖子“书法雅正,雄秀惊人,得天然妙趣,为无上神品也。内中多有飞白笔,丝毫根根可数。但所见诸刻本皆无白笔,亦无风采,觉有糟粕气。本身余绢上有元人题云:“天历三年正月十二日赐柯九思侍读学士,臣虞集奉敕记”。又有“臣九思”“审定真迹”二图章。因此,从诸方面来看,他认定此帖是王献之真迹。这真是慧眼识珠。

书画辨伪往往要在细微处下工夫。吴其贞正是在细微处表现出他的不凡识力。比如南宋画家赵伯驹(字千里)的《明皇幸蜀图》在市

面上流传，人人说好。吴其贞见过真本，也仔细揣摩过，掌握了画作的一些特点。所以有人请他鉴定时，他一看就认定是摹本，别人不解，他说：“你看，画中人虽然有老少之别，但画中女人面貌犹如一人，缺乏变化，决非赵氏作品。倘此画中的女人，细观之面貌皆不同，方为真本。”又如评苏东坡《雨竹图》，说：“绢质墨气并胜。写两竿修竹，竹叶秾盛，虽识‘苏轼’二字，但墨气淋漓，乃元人画也。‘苏轼’二字也系后人伪笔”。能够从“墨气淋漓”，看出是元代人所画，这真是一般收藏家难以企及的。

元代画家王蒙作品

交　易

王蒙《竹石图》

吴其贞作为专职书画商，自然免不了要买进卖出书画。他长年累月奔波在各地书画市场，一有机会自然要买进中意的书画。

例如他从信叔那里购得一幅王叔明（元代王蒙）《竹石图》纸画一小幅，从詹淡如处购得元代赵松雪（赵孟頫）的《修竹蕙兰图》绢画一幅，从歙县丛睦坊汪无芳处购得《宋元人小图画》一册十六页，又从本里冠松庵必之和尚处购得元代画家曹云西(曹知白)的《旭日翠岚图》小纸画一幅,他从王幼安家买得郭和阳的《白雁图》小绢画一幅,被其誉为“神品”。

收藏家对于法书名画,往往嗜之如命,宝爱有加。吴其贞有时遇到名画名书,极想购买,但主人不卖,则极其遗憾。有一天,休宁县有一富翁翰四老特地携一幅画来到吴其贞家的“怡春堂”。吴其贞小心翼翼打开一看,眼睛一亮,竟是元代《赵松雪(赵孟頫)、管夫人合婉图》纸画一卷,画作纸墨如新,管夫人画一竿竹,赵松雪补一丛兰花,各有题识。观其竹,用笔苍健,绝不似女流。兰花用笔柔软,绝无男子气。笔墨到此,方见神化,故传千古而不磨也。此画卷后多有名流题咏,内中有元代张伯雨诗,倪云林(元代倪瓒)代书,云林诗,伯雨代书。这也是诗人一件韵事。吴其贞看后真爱不释手,再三恳求翰四老卖给他,但翰四老就是不愿放手,吴其贞非常遗憾。

还有一次,他从王越石处看到《孙太古产黄庭图》小绢画一幅。图上画一淡妆妇人手执一卷子,浣于水中。水色红泛,两岸古木相交,皆为雷火烧空者。树杪上露出茅龛顶子,上有鸟雀飞栖于其间,背后有一歪头尖峰卓然而立。盖用焦墨皴成,不著苔点。画法苍秀,气韵高古,与众不同。画上还有宋徽宗题词:“孙太古画仙姬李八百株产黄庭图”,用有御玺。吴其贞誉其为“超

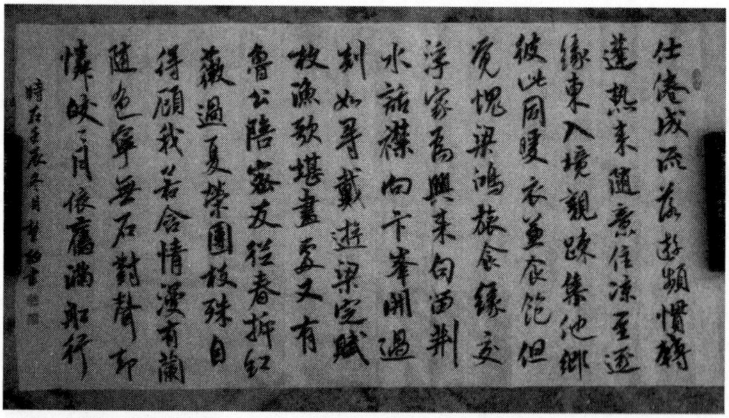

米芾书法

妙入神之画”。他当年在溪南访画时曾见到过这幅画，现在竟到了王越石手里，他把它当成至宝。无论吴其贞怎么央求，王越石就是不卖，实在令吴其贞“深妒之”。

有时钱不凑手，相中的画失之交臂，也是令人懊恼的事。康熙十六年(1677)，吴其贞已经七十一岁了，仍去外地访画。嘉兴南宫道院是个书画交易市场，他在那里从陆叔泉手中见到北宋黄山谷(黄庭坚)的《颍昌湖上唱酬诗帖》一卷，共四张纸，三百六十二个字，字大如钱。山谷自题酒后所书。吴其贞观其书法，纵笔如悬针，横笔如画沙，走绕盖作流水波，结构紧实，锋芒凛凛，如快剑斫阵，与山谷平日风格迥异。吴其贞认为或因酒兴相助耶，否则何以能够“出神入妙至此”。吴其贞一向认为书法自晋唐以后，当以米元章(米芾)为冠。如今见到此帖，改变了看法，认为此帖可追配王右军(王羲之)的《兰亭序》而传于千古。评价如此之高，当然想购买了。陆叔泉索价二百五十两银子，可是吴其贞正在旅次，身边银两不够，只得依依不舍还之而去。对于这件事，吴其贞多年来“辗转不能忘也”。

宋代画家李公麟作品

当然，在观画买画过程中，更多的是喜悦，往往能买到自己特别欣赏的法书名画。康熙六年(1667)吴其贞买到了宋代著名画家李公麟(字伯时)的《莲社图》绢画一幅，此图以前他曾在绍兴朱石门先生之孙十三老家观赏过。此图非同一般，在吴其贞看来，虽然绢质甚为剥落，但画面上的人物、山石全然无恙，丹墨尚佳，画了三十八个人，皆用乳金书其名字，而侍子不在数内。人物皆为重设色者，山石皆用淡墨，有勾而无皴法。运笔精细如春蚕吐丝，脱泻光净，风韵超人，可谓前无古后无今。吴其贞评其为“神品第一”。上面隔首还有宋徽宗的题字：“李公麟莲社图”，用“宣和”小玺及“吴廷”印章。下端副纸上有文衡山(文征明)小楷莲社记，识曰：“嘉靖丙午二月既望书。时年七十有七”。《莲社记》系李伯时堂弟冲元所作，与晁无咎《莲社记》略差数字。画作如此好，又有那么多名人题识，所以吴其贞认为“名著当代，价值千金”。看到这幅画，他简直不能释手，“恨不得卧于图下”。千谋百恳，主人就是舍不得出售。吴其贞怏怏离去后仍不死心，拜托好友汪允如居间说情，一直到第二年四月方购到手，据居间人汪允如说：“君谋此图有一年，我为此图说合有百次，走路不知几百里。君今得图，图得其主，庶几我不负君，君亦不负伯时矣”。这话固然有自我表功之嫌，但其间的难度也是可想而知的。我们可以想见，吴其贞得到此幅“神品第一”的名画，该有多高兴啊！

元代画家书法家赵孟頫

吴其贞买画也有奇遇。康熙五年(1666)六月二日，为吴其贞六十初度，当时他正在杭州访画，在杭州经商的徽州同乡早就想为他庆贺六十大寿，而吴其贞却不想这样做。为了躲避亲友们的贺寿，他决定渡钱塘探禹穴，也就是到绍兴访求诸鉴赏家，观古玩名画。到了绍兴，他首先来到朋友朱子祐家。朱子祐出身官僚世家，尤其是其曾祖朱敬琚在朝廷任大官，笃好博古，尤甚于书画，目力高当世，收藏名天下。子孙云礽，世泽悠远，为江南第一家。在他的影响下，其后代也是酷爱收藏，各房后代所收藏的玉、铜、窑器，一一精绝，法书名画更是很多。吴其贞在他家竟然一次买了南宋宫廷画家刘松年《秋江风雨图》绢画一大幅、元代画家王叔明（王蒙）《西郊草堂图》纸画一小幅、明代柯丹邱《荆溪图》纸画一小幅、南宋绘画大师马远《永宝长生图》绢画一幅、北宋画家许道宁《溪山风雨图》绢画一幅、元代赵松雪（赵孟頫）《古木竹石图》绢画一幅共六幅画，真是喜出望外。尤其是马远的《永宝长生图》，画面上画一仙翁，二童子侍立，闲望云山开处露出石穴门户，有一鹤在焉，此是神仙洞天之境。画法高简，清韵幽然，真是马远的绝妙之作。上面有宋理宗题词："不祷自安缘寿骨，人间难得是清名。浅斟仙酒红生颊，永宝长生定自成。赐王都提举为寿用。辛巳御书"。盖上二玺印。整个书法圆健，有殊于常。吴其贞认为，若非此二玺，则认为是宋高宗矣。吴其贞说："余生平最恶时人画寿意，妄想古人者不可得，恰获此图，其殆天赐欤！"就在吴其贞六十初度时，万没想到能购到这幅《永宝长

戴嵩《斗牛图》

生图》,这岂不是天假此为其寿之征吗?

此次绍兴之行,吴其贞满载而归。第二年即康熙六年(1667)十一月,他再次来到绍兴,又是大有所获。他在朱十三老乃郎廿六老之家,购得《唐宋元横板大画册》一本计十二幅。一次买这么多,就是因为朱家货真价实。他曾见到明朝那些收藏书画名家目力高者,数十幅之中亦有二三幅为优孟衣冠,即假货。唯有在朱家所见,虽片纸只字,皆属真货,实乃三百年来第一人也。吴其贞在市场上见到古画册,遇马必说是以画马著称的唐代韩干画的,遇牛必说是以画牛著称的唐代戴嵩画的,可是细究起来,竟百无一真。惟这次买的画册上韩马戴牛皆为的笔,完全真真确确,吴其贞能不高兴吗?

吴其贞买画还有一次奇遇。康熙十六年(1677)他在嘉兴陆秀才家购得元末明初画家赵善长(赵元)的《桃花书屋图》纸画一小幅,画一士人坐在窗中读书,墙内有桃花数株,花为双勾,大如指头。画上无题识,也无图章。买回后仍不时披阅把玩,他突然想起家中曾藏有一元代人桃花诗一纸,立即检出视之,谁知其诗所描写的情境竟然与图完全相切,实在是天生一对。吴其贞猜测作者裁诗作画时大约在三百年前,后被人将诗画分开,想不到今日始能合璧,不由发出“何相遇之晚也”的慨叹。

赵元作品

作为书画商,吴其贞购买书画当然也是为了出售。由于资料缺乏，我们无法了解吴其贞出售书画的具体情况，但他自己还是留下了一些记录。康熙七年(1668)吴其贞在扬州拜见王廷宾先生，并到他家观画。此公曾是官员，官至山东提刑按察使，为人刚毅正直，受到士庶一致推重。因致仕后闲住无事，见时俗皆尚古玩，亦欲留心于此。但初涉此行，当然眼力、经验皆不够。他久仰吴其贞在书画界的大名，也钦佩吴其贞的为人。有一天，他突然找到吴其贞，对他说：“我想大收古玩，但非你不能为我争先。如果先生愿意的话，非常希望先生能将您近年所得诸物以及家中所藏的书画统统让给我，以后先生能得到的也请让给我。所有书画价格一一如命，尊意如何?”

这对吴其贞来说，真是可遇而不可求的大好机会，对方如此信任，如此慷慨，全部收购自己的藏品，而且全由自己定价，哪能有这样的好事? 所以吴其贞慨然应允。而对王廷宾来说，一周之内所收购的法书名画，皆为超等之物，顿时成为国内南北大收藏家，名震遐迩。这真是两全其美的事啊。

写　书

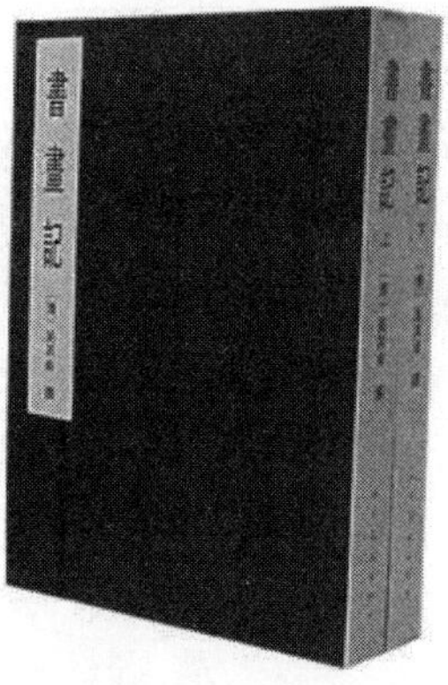

吴其贞《书画记》书影

如果把吴其贞仅仅看作书画市场上的一个普通商人，那就大错特错了。其实，吴其贞像其他徽商一样，也是一个贾而好儒的商人，他不仅是个有较高文化素养的商人，而且是个笔头非常勤快的有心之人。在几十年的书画生涯中，经眼一两千幅画，和几百位收藏家打过交道。难能可贵的是，他每观赏一幅画，每交往一位收藏者，他都有详细记录，对书画本身也有自己的评价。我们且看几段记录：

《贯休长眉长者图》小绢画一幅："气色尚佳。相貌慈善，笔法沉着古雅，绝无时俗气，为无上神品也。此图观于宝觉上人。觉，四川人，性聪悟，善书，深得古人运笔法。住元振兄山中，乃孤僻一高僧也。"

短短六十余字对画的内容、评价、观画地点、收藏者身份、对收藏者的印象评价都一一做了记录。再如：

陆机《平复帖》一小卷：书在冷金笺上，纸墨稍瘦，书法雅正，无求媚于人，盖得平淡天然之趣，为旷代神品书也。上有"宣和"小玺，卷后元人题曰："至元乙酉三月己亥，济南张斯立、东郓杨青堂同观"。又云间郭天锡拜观，又澄阳马昫同观。明董思白题跋。时庚子五月二十二日观于葛君常之手，惜其将元人题识折售于归希之，配在伪本《勘马图》后。此帖人皆以为弃物，予独爱赏，闻者莫不哂焉。后归王际之，售于冯涿州，得值三百缗(即三百两白银)，方为予吐气也。

这段记载不仅高度评价了此幅字帖的价值，而且披露了一桩书画作伪的伎俩。同时对自己的鉴别能力也做出了有力证明。

对于画作，他还能详细记录画上内容，如：

王晋卿《水阁高卧图》，绢画镜面一页，丹墨气色，粲然如新。画一士人卧在水阁中，厢屋里有童子送茶而来。背后一片修竹冲霄而上，外无远山，只有小树，多有白花，然不识为何树也。画法精细妍媚之甚，非晋卿锦绣风流，孰能到此。为绝等妙作。

通过吴其贞描述，即使没看过画，也能知道此画所表现的情境。

2011年6月1日，被誉为中国山水画最高境界的长卷，曾分别藏于浙江省博物馆的《富春山居图》（剩山图）和台北故宫博物院的《富春山居图》（无用师卷），在台北正式合璧展出。这在书画界堪称一大喜事，各大媒体都做了翔实报道，引起了人们的极大兴趣。

《富春山居图》是元朝书画，画家黄公望为郑樗（用师）所绘，以浙江富春江为背景，全图用墨淡雅，山和水的布置疏密得当，墨色浓淡干湿并用，极富于变化，是黄公望的代表作，被称为"中国十大传世名画"之一。本是一幅长卷，为什么后来又被分成两部分？其中的来龙去脉是什么？这样一件大事，竟然是吴其贞给我们揭开了神秘的面纱。且看吴其贞的记录：

《富春山居图》（局部）

黄大痴《富春山图》纸画一大卷画法柔软，松放秀嫩，盖效董巨二家，绝无虞山旧面目，绘写富春山水也。坂上一片松木，宛如倪云林溪峰一带松树，逼似王叔明，变幻无穷，高韵悠然，长有三四丈，望之使人清爽欲仙。此图不惟为大痴第一画，当为亘古第一画。夫图画者，基于太极，成于秦汉，盛于晋唐宋元。评者曰：

"画人物今不及古,画山水古不及今"。二者指元人也。而元人山水又首推大痴。识曰:"至正七年(1347),仆归富春山居,无用师往,暇日于南楼援笔写成。此卷兴之所至,觉亹亹布置如许,遂填札,阅三四载未得完备。盖因在山中云游在外故尔。今特取回行李中,早晚得暇着笔。无用过虑,有巧取豪夺者,俾先识卷末,庶使知其成就之难也。十年青龙在庚寅歜节前一日,大痴学人"。用"一峰道人"图书(印章)。卷后有沈石田、周公暇、王百谷、董思白、邹臣虎等题跋。此卷原有六张纸,长三丈六尺,曩为藏卷主人宜兴吴问卿病笃焚以殉,其从侄子文俟问卿目稍他顾,将别卷从火中易出,已烧焦前段四尺余矣。今将前烧焦一纸揭下,仍五纸长三丈,为丹阳张范我所得,乃冢宰赤函先生长君也,聪悟通诸技艺,性率真,好收古玩书画,无钱即典田宅以为常。予于壬辰五月二十四日偕庄淡庵往谒借观,虽日西落,犹不忍释手。其图揭下烧焦纸尚存尺五六寸,而山水一丘一壑之景全不似裁切者。今为予所得,名为《剩山图》。

通过这段详细记录,我们才知道《富春山居图》原本一长幅,明代为宜兴吴问卿(吴洪裕)所藏,吴问卿极其宝爱此画,乃至在临死前要将此画烧毁,为其殉葬。其从侄吴子文乘其眼睛稍稍他顾的时候,火速拿了另一幅画将此幅画从火中换出。他哪里知道,这一举动竟然挽回了中国历史上一大瑰宝。

幸亏抢救及时,但已烧焦了前段四尺余。家人将烧焦的一段裁下,还有五纸长三丈,后为丹阳张范我买去,这就是今称《富春山居图》(无用师卷),裁下烧焦的一段尚存一尺五六寸,而山水一丘一壑之景全不似裁切者,保留得相当完整。吴其贞将其买下珍藏,并命名为《剩山图》。就这样，从此《富春山居图》一分为二，历经三百六十多年才得以合璧展出。

《剩山图》(局部)

吴其贞就是这样，逢画必记，记必详尽。日积月累，竟成了一本十五万字的书。吴其贞将其命名为《书画记》。这部六卷本的记录，今天已成为研究书画史、明清收藏界的珍贵资料。

文物之海数徽州

徽商的收藏从明代开始，一直持续到近代。尤其是清代康熙、雍正、乾隆这三朝一百三十多年时间，号称清代盛世，徽商也发展到鼎盛阶段。大富起来的徽商更是将明代徽商收藏的传统发扬光大，一些收藏家可能由于各种原因消失了，但新的徽商收藏家又一批批出现了。

黄崇惺是歙县人，同治年间的进士，出身于大盐商家庭。他就亲眼目睹了徽商当年收藏的丰盛，他曾著有《草心楼读画集》，其中就写道："而是时(指康熙、乾隆时期)休、歙名族，乃程氏铜鼓斋、鲍氏安素轩、汪氏涵星研斋、程氏寻乐草堂，皆百年巨室，多蓄宋元书籍、法帖、名墨、佳砚、奇香、珍药，与夫尊彝、圭璧、盆盎之属，每出一物，皆历来赏鉴家所津津乐道者。而卷册之藏，尤为极盛"。文中提到的程氏铜鼓斋、鲍氏安素轩、汪氏涵星研斋、程氏寻乐草堂，都是大商巨贾、徽商世家，具有雄厚的资财，经过世代的收藏，藏品自然更加丰富，在收藏界名震遐迩。黄崇惺说，当时各地名流经常造访这些人家，每逢客人驾到，主人则拿出各种点心招待，既而摆出长案，命童子取卷册陈列，供客人欣赏。这些法书名画真是金题玉蹬（书卷的杆轴），锦躞（书册或字画卷首贴绫处）绣褫（意为剥去革除附属物），一经触手，古香经日不断。众人相与展玩叹赏，或更相辩论，断断不休。黄崇惺回忆自己当时还小，只能随侍长辈坐在角落，所以往往能见到这样的情形。

王献之《保母帖》

据他回忆，程氏铜鼓斋的古画，以五代宋初善画山水的李成《五老峰图》为第一。书迹以大令《保母帖》为第一。大令即东晋书法家王羲之的儿子王献之，因官中书令，故世称王大令。他也是著名书法家。黄崇惺说，当时他还是小孩，来往于程氏铜鼓斋中，虽然不懂欣赏，然而却听到很多。

他还说了一件亲身经历之事：太平天国被平定后，社会暂时还不平静，云松先生的孙子少帆携带书画数十篋避居祁门县，将书画寄存于一个山农家里，有一天竟然被太平县的一个商人以低价赚去。汪授芝闻之惊叹，约黄崇惺与鲍雁卿、吴芥湄十数人会于堨田，议相与赎之，太平县商人不同意，众人则要告到官府。商人害怕了，乃以书画数卷轴，请同乡献给曾国藩以求庇护，而自己却把这数十篋书画全部运到武昌出售，厉伯符方伯、吴芷生大令得之颇多。李画及《大令帖》，不知归于曾国藩还是归于厉、吴二人了。仅仅这一幅《大令帖》，云松先生在书画上的跋言就说以千两银子购于苏州。那可知这几十箱的书画不知价值多少万两银子了。

黄崇惺还说，他外祖父虹源洪云上先生蓄古画一幅，长六尺。全幅画的都是水，作波涛起伏之势，墨色浓淡相间，水中一鲤鱼长约一尺许，盘跃其中。若将画悬之高堂，仿佛水势皆动，鱼亦跃跃欲出。洵坡公所谓"汹汹欲崩屋"者，相传为北宋著名画家孙知微真迹。纸质坚韧，亦必非宋以后物也。洪氏历代把它视为宝贝，外人平时一般都看不到。每值三伏天，洪氏则将此画悬之"清鉴轩"挂上十天，以当曝画。"清鉴轩"三字还是出自明代嘉靖年间名相徐阶的手笔。黄崇惺说因为他是洪氏外孙，所以能够数见之。他还说外祖家还藏有郑所南的兰画。郑所南是南宋末年诗人、画家郑思肖(1241—1318)，字忆翁，表示不忘故国；号所南，日常坐卧，要向南背北。曾以太学上舍生应博学鸿词试。元军南侵时，曾向宋朝廷献抵御之策，未被采纳。后客居吴下，寄食报国寺。郑思肖擅长作墨兰，花叶萧疏而不画根土，意寓宋土地已被掠夺。他的画自然非常珍贵。

黄崇惺先辈也是收藏家，他的高祖存斋公藏有元代著名画家黄公望(字子久)的《富春山水》，子久自题一诗、沈石田题一诗。二伯父藏有南宋画家赵千里的楼台小册，绘画工细，其精致不亚于今

《十八应真图》(局部)

天的西方画。二伯父家中还藏明代仇英的《书寒书屋》长卷,金碧灿然,苍郁之气过宋画远甚。惟倪云林画,所见鲜真者。家中还有明末清初新安画派宗师渐江所画的“枯树竹石小景”,乃深具高澹之致。黄崇惺高祖旧藏渐江山水卷,长丈余,高仅四寸许,合仿四家而成,卷末附致程蚀庵小札,行书尤可爱。黄崇惺家旧藏有世称“画圣”的唐代吴道子画的《先圣像》,外舅家有唐代画家阎立本画的《孔子事迹二十四图》,二伯父藏有北宋李龙眠白描《十八应真渡海》长卷,他舅舅家藏有姚少师《百八罗汉图》,尤奇物也。就连他的侄子新宇也藏有元初高房山(高克恭)的山水画。黄氏宗族“承德堂”藏有元代著名山水画家王蒙(字叔明)的山水画,鸾绫象匣,这是当时准备进贡到宫中的名画,还藏有北宋苏东坡的《墨竹》。黄崇惺的父亲也藏有明前期宫廷画家商喜的《西园雅集图》。

由此可知黄崇惺这个盐商世家收藏多么丰富。但嘉庆、道光以后,黄崇惺家道中落,很多藏品不得不转售他人,但尚存者仍然很多。他家就有藏书满满一楼,列几堆积,高五六尺,多有前代古本,因黄崇惺还小,故不准他翻看。又有大小竹木箧十余个,杂贮先世冠屦之属,皆明代之物。有一天黄崇惺登楼,见一笥匣盖微露,日光映射其中,似有签轴。然巨箧层积,力不能举,又不敢公然启视。以手探之,取出一小册,则元代书画家柯敬仲书的《月赋》小楷。

《西园雅集图》(局部)

当然极其珍贵。他还在其他房间里看到元代赵承旨(赵孟頫)《西园雅集图记》小楷,他问父亲,父亲说是并州牧府君遗物。

黄崇惺小时候曾在各收藏家玩耍,亲眼目睹他们论画必宋、元人,乃辨别其真伪工拙,对于明代及清初的书画却不甚在意,乾隆以来的书画,很少有人提及。太平天国战争以后,金冬心(金农)、郑板桥之流一联一幅,皆值数万钱。而过去一般中等之家,粘柱补壁比比皆是,亦无人估值也,真是此一时彼一时也。

以上仅仅是黄崇惺所见所闻,其他徽商的收藏也有很多。如休宁人孙烺,为徽之巨商,侨居杭州。经常到北京去,并与书法家、文学家、金石学家翁方纲(号覃溪)交谊甚笃,覃溪去世时,孙烺赠送赙仪五千两银,翁家所藏的金石书画一半给了孙烺,大大丰富了孙烺所藏。

再如巴慰祖,歙县人,是个盐商子弟,家中十分富有,少而好古,所以家中"藏法书名画、金石文字、钟鼎、尊彝甚伙(多)"。他非常聪明,无所不好,又精通篆隶摹印。把玩文物久了,竟然经常伪作古器,脱手如数百年前的旧物,即使精于鉴赏者,也难以辨别。

巴慰祖像

常州盐商王某,歙县人,家富资财,所以也爱收藏。史载他"尤多蓄元明人书画,尝坐斋中,晨夕展玩"。他曾对人说:"我老了,不能出游,每天观赏古人山水画,就权当游于山巅水湄,谁说不是呢?"

正是由于一批批徽商的努力,大批文物都集中到徽商手中,同时也大多集中到徽州本土,徽州真可谓"文物之海",若不是清军与太平军在徽州长达十年的战争，徽州很多无比珍贵的文物都会保存下来。

“印癖先生”汪讱庵

对绝大多数徽商来说，收藏只是一种嗜好，但如果更进一步发展，就变成痴迷了，徽商中就有这样的人。

歙县人汪启淑，字讱庵，歙县人。由于世代在杭州经商，就定居在杭州，家中非常富有。曾捐官为工部都水司郎中，后迁至兵部郎中。汪讱庵喜交友，与当时著名学者、诗人厉鹗、杭世骏、朱樟结“南屏诗社”，经常雅集，吟诗联句。他酷爱收藏，“嗜古有奇癖”，一是喜欢藏书，家中有一厅堂，命名为“飞鸿堂”，另有一藏书楼，取名“开万楼”，藏有几千种珍贵书籍。乾隆三十七年（1772），国家要纂修《四库全书》，皇帝下诏全国各地官员在民间访求遗书，并号召民间贡献家藏书籍，供朝廷选用，录成副本后归还。很多人纷纷献书，汪启淑家进呈六百余种珍贵图书，是全国献书最多的四家之一。皇帝恩赏《古今图书集成》一部，这在当时真是莫大的荣耀。

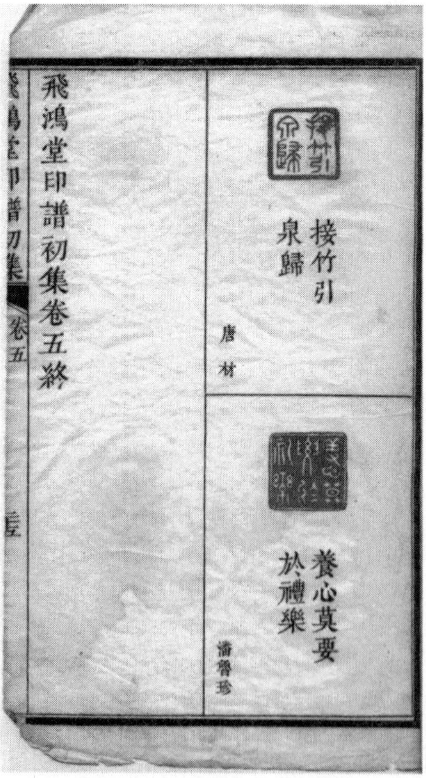

《飞鸿堂印谱》内页之一

除了藏书外，他还有一大癖

好，就是爱收藏古印，自号“印癖先生”。长期以来，他不惜代价，千方百计搜罗汉魏晋唐宋元明人印极多，凡金银、玉石、玛瑙、珊瑚、水晶、青金、蜜蜡、青田、昌化、寿山及铜磁、象牙、黄杨、檀香、竹根诸印，一见辄收，倾囊不顾。皇天不负有心人，日积月累，他竟然收集了数万钮印章，这在全国也是无与伦比的。当时有一位名人钱泳（1759—1844），号梅溪，精通诗词、篆、隶，精镌碑版，善于书画，也爱好收藏。他与汪讱庵在毕沅尚书家经常见面，乃成为好友。有一次汪讱庵去拜访钱梅溪，看到钱梅溪案头有一铜印，鼻钮刻“杨恽”二字，立刻产生浓厚兴趣。因为杨恽是西汉时人，曾封为平通侯，距当时已有一千八九百年了，他经过仔细辨别，认为这确是西汉之物，欣喜若狂。就想把它拿走，钱梅溪当然不答应，汪讱庵百般央求也不成，想不到他竟然长跪不起，拉都拉不起来。钱梅溪毫无办法，只得笑而赠之，汪讱庵这才起来，千恩万谢走了。为了一枚印章，汪讱庵竟然能向朋友下跪，可见他对古印爱到什么程度了，难怪他给自己起了一个外号——“印癖先生”了。

汪讱庵收集的数万枚古印，品种极多，他还在一巨珠上刻作篆文，以补诸品所未备。对这些古印，他经常在窗下把玩欣赏，视为一大乐事。一画家还画了一幅《汪讱庵秋窗玩印图》，他的朋友、清代诗人沈叔埏还在图上题了两首诗：

不薄雕虫古意浓，近来苍雅也希踪。
轩窗鹤唳秋花烂，莫忘招寻到阿侬。

云间听说顾鸿胪，古印曾藏二万余。
旷代传人今有两，寓公博雅恰相如。

《集古印存》内页之一

为了使这些古印得以流传，汪讱庵著有《集古印存》二十四卷、又刻《飞鸿堂印谱》三集、《汉铜印丛》《汉铜印原》《退斋印类》《锦囊印林》及其他各谱，凡二十七种，还有《续印人传》八卷，可谓极印人之大观。为了编好这些印谱，凡当时精于篆刻者都被汪讱庵重金聘请，延之家园，亲与参订，使所编印谱务合古法。这些书籍一问世，皆被时人视为至宝。

据近代徽州画家黄宾虹说："讱庵《集古印存》之印十数巨箧，不久即易主，由绵潭归西溪汪氏，闻在松江交割。咸丰时歙县驻兵，散入桐城马峨园、仁和许迈孙两家近千余，其遭村夫牧竖毁弃者不可计数"。实在令人扼腕叹息。

美女换不来的宝砚

谈到对古玩的痴迷，还有一个人更甚。他就是歙县商人吴美堂。

吴美堂是个盐商，长期在汉口经营盐业。受到徽商好收藏的影响，他也酷爱古玩。有一次他重金购得一方砚台，视为珍宝，整天把玩不已。他到哪里都将砚台带在身边，真可谓形影不离。

有一天，吴美堂要坐船到外面办事，自然带着宝砚在船上把玩。

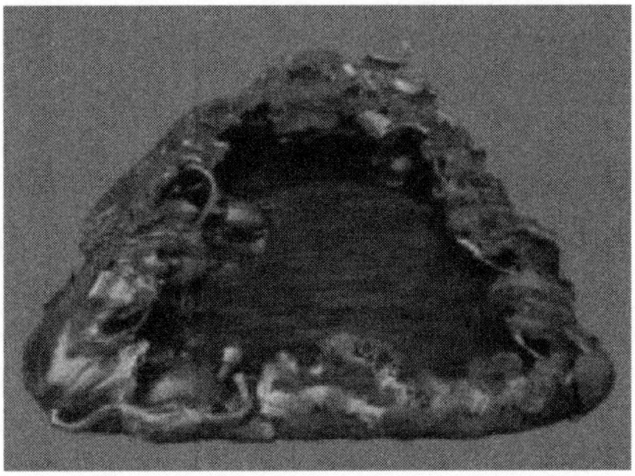

古歙砚

谁知船快要靠岸时，突然一阵狂风吹来，将船吹斜，不少人没站稳，纷纷落水。吴美堂正在把玩宝砚呢，还没转过神来就连人带砚掉到水中。好在岸上人多，众人立即施救，所幸还没有人溺亡，但一个个就像落汤鸡一样。吴美堂也被救起，虽然连喝了几口水，但他怀里还紧紧抱着自己的宝砚呢！

话说汉口也有个盐商叫安阿三，也是十分富有，也酷爱古玩，听说吴美堂有一方宝砚，就派人携带重礼去见吴美堂，希望能得到这方砚台。你想，吴美堂能答应吗！于是安阿三亲自登门，想欣赏一下，碍于情面，吴美堂只好拿出宝砚。安阿三一看到这个宝砚，真是爱不释手，他出以重金非要买下这个宝砚，吴美堂坚决不答应。安阿三只得另想他法。

时隔不久，安阿三准备了一桌盛筵，宴请吴美堂。酒酣耳热之际，为了活跃气氛，安阿三唤出六位美女席前唱歌跳舞，以助酒兴。这六位美女都是安阿三的姬妾，一个个都是闭月羞花之貌，沉鱼落雁之容。谁看了能不动心？安阿三这时唤出其中最漂亮的一位美女，让她单独弹琴，优美悦耳的琴声真让人陶醉，连吴美堂也如醉如痴了。

这时，安阿三问美堂："琴弹得怎么样？"吴美堂说："如闻天上仙曲"。安阿三又问："人长得怎么样？"吴美堂说："如见天上仙女"。安阿三听说后非常高兴，凑过来小声对美堂说："我拿她换你一方砚台如何？"吴美堂没想到安阿三出了这样一个主意，想了一想说道："这样吧，明天我把砚台拿来，让我回去写一首诗与砚台告别吧”。安阿三听说大喜，心想明天就能得到宝砚了。

第二天，吴美堂带着宝砚，同时也找了一个特别能跑的人跟着，一同来到安阿三家中。吴美堂从怀中取出宝砚，轻轻抚摸宝砚，欷歔叹息，爱不释手。突然间，他把砚台交给随行的来人，那人拿了砚台健步如飞地跑走了。安阿三立即派人追，因那人跑得太快，一溜烟就不见踪影了。安阿三见此，只得大笑作罢。

美女换不来宝砚，这件事很快就在汉口传开了。黄冈人吴德芝知道后，特地作了一首诗《砚不换妾行》云：“莫笑鸲（yi）眼石，不换蛾眉人。我石患难曾同身，蛾眉虽好来方新，得新捐故何辜恩。九宾设次险一掷，谁知赵璧竟不失。君仍巫山寻雨云，我自南宫拜袍笏。高人嗜好各癖痴，一事风流两得之”。意思是说，女人虽好，毕竟是新来的人，而这方砚石却是和我一同落水，是共过患难的呀，我怎么舍得离开呢！

徽商与收藏（张贝贝绘图）

第五章 徽商与刻书

剞劂之精，不下宋版

剞劂[jī jué]，本意是指雕琢刻镂，在这里是指雕版。这句话出自明人谢肇淛在《五杂组》中评论当时各地刻书质量的一段话：

> 宋时刻本以杭州为上，蜀本次之，福建最下。今杭州不足称焉。金陵、新安、吴兴三地、剞劂之精者，不下宋版。楚蜀之刻，皆寻常耳。

意思是说，宋代时候刻书以杭州刻的最好，四川刻的稍次，福建刻的最差。而现在（明代）杭州刻的已不足称道了，南京、新安（徽州的古称）、吴兴（今湖州）三地，雕版之精细，决不比宋版差。而湖北、湖南、四川的刻书，都是一般化了。

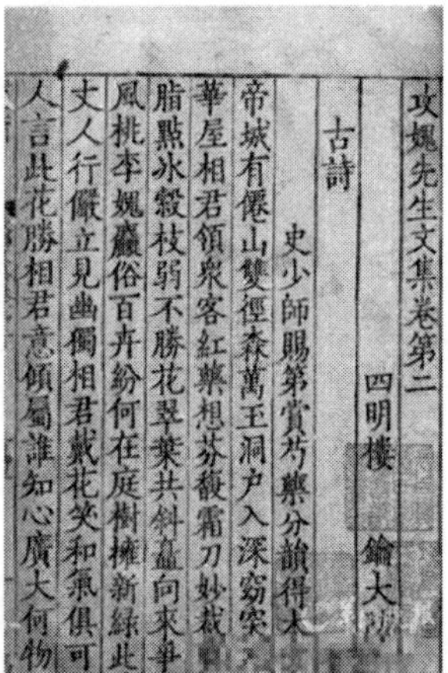
攻媿先生文集卷第二
四明樓鑰大防
古詩
史少師賜第賞芍藥分韻得大
帝城有僊山雙徑森萬玉洞户入深窈窔
華屋相君領衆客紅藥想芬馥霜刀妙裁
脂點氷縠枝弱不勝花翠葉共斜矗向來爭春
風桃李媿矗俗百卉紛何在庭樹擁新綠此花
丈人行儼立見幽獨相君戴花笑和氣俱可掬
人言此花勝相君意領爲誰知心廣大何物不

宋版书之一

谢肇淛是明代后期的一名进士，当官期间曾走南闯北，见多识广。他对各地刻书的评价应当是比较公允的。他对徽州所刻的书评价甚高，认为可以和宋版书媲美。学者为什么那么推崇宋版书呢？就是因为宋代刻的书，“雕镂不苟，校阅不讹”，雕刻一丝不苟，校对非常精审，因而错误最少，可信度高。而且宋代书版字体“肥细有别，印刷清朗”，装潢考究，读起来赏心悦目。徽州刻书能够与之媲美，自然质量相当高了。

如果说谢肇淛一人的评价还不足为据的话，那我们再看看与谢肇淛同时代的另一个人的评价。隆庆、万历时图书评论家胡应麟(1551—1602)评论各地刻本质量时也说道：“余所见当今刻本，苏常为上，金陵次之，杭又次之，近湖刻、歙刻骤精，遂与苏常争价。蜀本行世甚寡，闽本最下”。他所说的湖刻就是湖州的刻书，歙刻就是徽州歙县的刻书。由此可见，从明代中后期开始，徽州的刻书其质量已在全国闻名，而且成为与金陵(今南京)、苏州、杭州并驾齐驱的刻书中心，并保持三百年之久。

徽商刻书(张贝贝绘图)

徽州刻书如此发达，又是和徽商有着密切的关系。可以说没有徽商，就没有徽州的刻书业。我们且不说徽州的书商本身就是徽商的一个行业，就是徽商的其他行业对徽州刻书业来说也是不可缺少的一种支持。为什么这样说呢？

第一，徽商贾而好儒，他们爱读书，喜藏书。而且徽商又极其重视子弟的教育，这也需要大量的图书。这就为徽州刻书业提供了巨大的市场。一个企业生产的商品如果没有市场、没有销路，那这个企业必死无疑。徽商本身、徽商子弟需要大量的图书，这无疑就刺激了徽州刻书业的发展。这个道理是很简单的。再加上徽州的书院在徽商的支持下迅速发展，不仅数量多，而且延续时间长，书院更需要大量的图书。

第二，很多徽商文化修养较高，吟诗作文是他们经商之余非常喜爱的活动，已经蔚然成风，必然会留下大量的著作。如歙县江村，其族人大都去扬州业盐，形成扬州盐商中的"江家军"，其中尤以江春、江仲馨最为著名。在雄厚的财力支撑下，江村人笃好风雅，以诗书为尚。乾隆四十年(1775)，村人江爱山(登云)，编撰《橙阳散志》十二卷，这是江村的村志，以一村之力，编为一志，已足令人惊异，然而该志记录了江村著书者有75人，著述多达152部，著述门类相当广泛，尤以经史子集为主。不仅如此，还有不少女性的创作，如江昱妻陈佩，著《闺房集》等。这些足以说明雄厚商业经济的支撑下，徽商及其家族纷纷以著书为好，其著书的数量应当是可观的。

其他徽商也是如此。他们走南闯北，遇到风景胜地，常常流连吟哦；长驻一地，又经常邀请文人聚会雅集，当然少不了对酒当歌，你唱我和，这样就产生了不少诗篇。作为纪念，作为欣赏，作为宣传，徽商总想把这些著述和诗歌刻印出版，这又刺激了徽州刻书业的发展。

第三，徽州的宗族制度特别发达，徽商由于得益于宗族的支持，所以他们在发家以后纷纷反哺宗族，除了建宗祠、置义田、赈族人以外，就是大力支持修宗谱。修宗谱要花大量的钱，因为请人编修要花钱，印刷宗谱更花钱，但有了徽商的支持，这些都能迎刃而解。所以徽州各宗族修谱在全国是最频繁的，谱修好后就要刻印，这又给徽州刻书业提供了极大的市场。

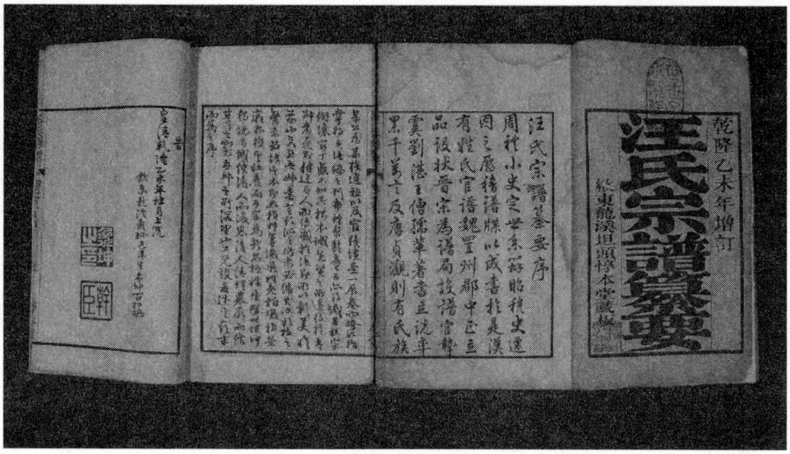

徽州家谱

第四，刻书业要发展，必须所刻之书有销路，这就需要有好的书源。前面我们说过，徽商喜爱藏书，少的几百卷、上千卷，多的上万卷、数万卷，其中有很多孤本、善本、抄本书，这些书正好为刻书业提供了极好的书源。

第五，徽州刻书业的发展也离不开徽商的资金支持。那时刻书可不像现在这么简单，在电脑键盘上按一二个键，字就出来了，一千字的文稿二十分钟就打出来了。而在雕版印刷时代，每本书上的字是由工匠在木板上一笔一画刻出来的。要刻印一本书，费时费力不说，尤其需要大量的资金。少则几百两上千两、多则几万两银子，如此巨款，谁能承受得了？没有雄厚的资金，要想刻书只能望之兴叹。很多书正是由于徽商的大力支持才得以刊刻问世的，所以有了徽商的赞助乃至徽商的加盟，徽州刻书业才得到长足的发展。

第六，长年在外的徽商见多识广，商路宽阔，他们把徽州刻书业从徽州山村引向大城市，走上外向型发展的路子，使徽州刻书业有了更广阔的发展平台。徽商灵活的经营理念又影响了徽州刻书业，无论是刊刻的内容还是雕版的形式，乃至书商经营的观念都发生了不同于传统的变化，大大促进了徽州刻书业的发展。

徽商不管买书是自己读、子弟读，还是用来收藏；也不管是刊刻自著的书，还是刊刻家谱，谁都希望每本书刊刻精，错误少，印刷美。而要做到这些，无非就是多花银子，去购买优材，聘请良工，认真校对就能做到。徽商不差钱，正是在徽商雄厚财力的支持下，徽州的刻书质量后来居上，闻名全国。

通过以上介绍，我们完全可以说，没有徽商，就没有徽州刻书业。

胡正言与他的"十竹斋"

徽州刻书在明代就闻名全国，创造这个声名的不仅是徽州本土的书商，更有在外地的徽州书商。明代的南京就是徽州书商比较集中的地方，因为南京是明代的留都。我们都知道，1368年朱元璋建立大明王朝之时，当时是定都于南京的，南京作为一个王朝的首都，自然成为国家的政治文化中心，随着明朝经济的恢复和发展，南京也出现了经济繁荣的景象。然而由于北方残余的蒙古势力时时企图南下，妄想夺

《十竹斋书画谱》内页之一

回失去的政权，所以北部边防显得很不安宁，这也成为明代统治者的一个心病。为了更好地抵御蒙古残余势力的侵犯，朱元璋的儿子朱棣继位后，于永乐十九年（1421）正式决定将都城迁到北京，而把南京作为留都，所有的国家机关继续保留，只不过职能上稍有变化，所以南京在迁都后仍然保持着经济文化中心的地位。正因为如此，大批徽商在这里安营扎寨，十分活跃。不少徽州书商自然也来到这里，他们在这里刻书、售书，为徽州刻书业做出了极大的贡献。其中最著名的就是胡正言。

胡正言（1584—1674）是徽州休宁文昌坊人，关于他的家世，我们今天知道得已不多了，仅存的资料告诉我们，他的父亲，人称仰宁公，也是位读书人，很可能是位医生。那时的医生多外出行医，仰宁公先是迁居六安，后来又到了霍山行医，胡正言也一直随父而行。大概在明代万历（1573—1620）后期，也即胡正言二十岁左右时，可能是为了读书方便，胡正言来到了南京，从此定居下来。

《十竹斋书画谱》内页之一

胡正言来到南京后，首先进入南京国子监读书。国子监是国家最高教育机构，相当于今天的国立大学，能够在其中学习自然是很荣耀也很难得的。当明朝迁都后，国子监在南京保留了下来，在北京又建了一所国子监，北京的叫北监，南京的叫南监。可以肯定的说，胡正言进入南监学习自然是想走科举入仕的路子，将来能考取功名，做一个官员，以实现自己的梦想。所以几年的学习，他打下了扎实的传统文化基础。与此同时，他又拜年届耄耋的著名书法家李登为师，学习书法。因为他特别爱好篆刻，在李登的精心培养下，胡正言悉心临摹钟鼎石鼓之文，旁及诸家。于是“篆隶真行，一时独步”。无论篆书、隶书、正楷还是行书，胡正言在当时都名震一方。

科举的命运是难以捉摸的。胡正言一心希望考取功名，可是命运就是和他开玩笑，这条路就是走不通，只能落得个“儒士”的身份。好在胡正言头脑清醒，当他发现科举无望之时，并没有像不少人那样，不到黄河心不死，直到两鬓皆白还要做个老监生，而是迅速转向了出版行业，做一名书商。

胡正言在南京鸡鸣山侧买了一块地，建造了自己的居室。居室一侧种上了一丛修竹，并将自己的书斋以“十竹斋”命名。从此他就在“十竹斋”开始了自己的出版事业。他选择在鸡鸣山建斋，是很有眼光的。因为南国子监就在鸡鸣山下，在这里读书的莘莘学子自然需要大量的图书，而且南监本身就是一个出版机构，因为南监藏有不少图书，经常刊刻一些书籍供学子使用，所以这里实在是一个潜在的图书市场。“十竹斋”建在这里可以说是再合适不过了。

《十竹斋笺谱》书影

胡正言在这里组织刊刻了

许多精美图书，内容涉及经、史、子、集各部，范围很广，如《四六霞肆》(十六卷)、《诗谭》(十卷)、《续录》(一卷)、《苏米谭史广》(六卷)、《精选古今诗余醉》(十五卷)等等。由于胡正言对古代的"小学"(古代把研究文字训诂音韵方面的学问称为小学)十分精通，而且又精于篆刻，所以又刊刻了不少关于文字学方面的书籍，如《篆书正》(四卷)、《六书正讹》(五卷)、《古文六书统要》(二卷)、《谷诒汇》(十四卷，卷首二卷)、《十竹斋印存》(四卷)、《印存玄览》(四卷)等等。医学又是胡正言父兄的家业，所以"十竹斋"也刊刻了不少医学书籍。

当然，让胡正言青史留名的倒不是他刻了上述这些书籍，而是他刻的两部大书《十竹斋书画谱》和《十竹斋笺谱》。由于他在这两部书中采用了独特的"饾版""拱花"技术，把我国古代彩色套版雕印技术推向了一个新的高峰。这是胡正言对我国出版事业的最大贡献。

所谓"书画谱"就是把不同的素材，如梅、菊、竹等加上题诗和解说等内容，图文并茂的编辑在一起刻版，此外还有简单的画史介绍，技法样式阐述，成为以前人们初学中国画的必备课本。所谓"笺谱"，就是印有诗画的信纸。它是一种诗笺图，也是一种"小品艺术"。既有作信纸用的实用价值，更可供人们案头清赏。

但是，我们要知道把不同素材的画作变成刻版，是非常困难的。主要就是因为画作是彩色的，如何把彩色的图画印刷出来，这真是一大难题。

谁把这个难题解决了，谁就占得行业的先机。胡正言就是这个人。他采用独特的"饾版""拱花"技术，终于解决了这个难题。

他先根据每幅画面设色的深浅浓淡、阴阳向背的不同，进行分色，一种颜色刻一块印版，有多少种颜色就刻多少块印版，然后依色调套印或叠印，因其雕版零碎、拼凑就像饾饤一样，故称"饾版"。虽然说起来容易,但要做起来可就难了。当时就有人说,“饾版”有三难:首先画作本身必须大雅,这是第一位的;其次是镌刻,刻工必须懂得美术,如果照葫芦画瓢,势必尽失画作之神韵;第三是印刷,多版套印,衔接不好,或印刷时手法轻重不当,都会失去原作天然之美。为了克服这三难,胡正言不仅选用最好的画作,而且聘用最好的刻工和印刷工。就这样,他还不放心,因为这毕竟是前人没有做过的事业,他自己心中也没底。所以他一方面对常年聘用的十几名刻工和印刷工进行培训,和他们“朝夕研讨,十年如一日”,使得“诸良工技艺,亦日益加精”;另一方面也不断进行试验,和大家在一起总结经验和教训。经过此番准备以后,当正式开工刻画和印刷时,胡正言还亲自在旁加以指点,从而大获成功。

《十竹斋书画谱》和《十竹斋笺谱》出版后,受到社会上的热烈欢迎。人们纷纷购买,并给予高度评价,认为胡正言将我国的出版事业推向了一个更高阶段。

出版巨商吴勉学

说到明清徽州的刻书业,不能不提明代的吴勉学。他是明代后期徽州最著名的出版商,一生刻印了大量的书籍,他的儿子又继承了他的事业,继续刻书卖书。吴氏所刻的书,至今还珍藏在国家和各地的图书馆,成为馆藏珍宝,他的名字,几百年后的今天也常常被人们提起。

吴勉学是徽州歙县溪南人。溪南吴氏是徽州著名的望族,经商、做官是这个宗族主要的职业选择。因此吴氏既出了不少官员,更产生

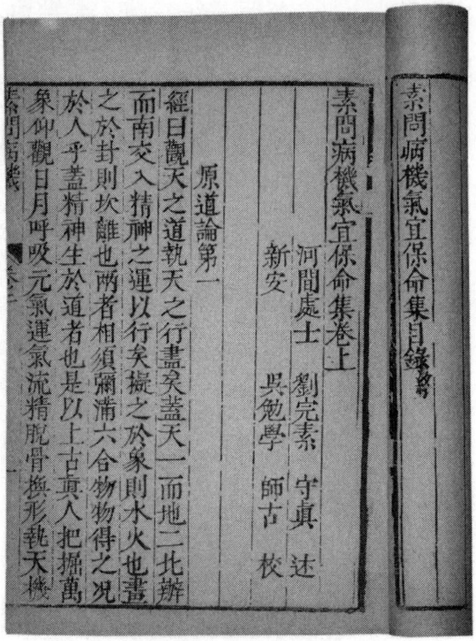

素問病機氣宜保命集目錄

素問病機氣宜保命集卷上

河間處士　劉完素　守真　述

新安　吳勉學　師古　校

原道論第一

經曰觀天之道執天之行盡矣蓋天一而地二北辨而南交入精神之運以行矣擬之於象則水火也畫之於卦則坎離也兩者相須彌滿六合物物得之況於人乎蓋精神生於道者也是以上古真人把握萬象仰觀日月呼吸元氣運氣流精脫骨換形執天機

吴勉学所刻书之一

了众多的商人，而且是大商人。吴勉学就是这个宗族的一员。关于他的材料，宗谱上记载很少，我们只知道他是明代隆庆、万历年间的人，至今已有四百多年了。吴勉学无疑也是生活在商人家庭，由于家境富有，他从小得以享受到穷人家的孩子难以企望的待遇，能够专心致志地读书。他凭借自己的聪明和努力，曾考进南京的最高学府——国子监，成为一名太学生，如果一切顺利的话，他就可以参加科举，考举人、考进士了。但不知是什么原因，也许是科举之路太难走，所以他的读书入仕之路戛然中止。后来又曾经在光禄寺中做了一名小官，也就是管伙食的后勤工作，当然没有什么意思，所以他没干多久就走上了另外一条路，成为一名刻印、出售书籍的出版商。

吴勉学之所以走上这条路，还有一段有趣的故事。

据清代徽州学者赵吉士在他的著作《寄园寄所寄》中记载：吴勉学在年轻时，有一天被阴曹地府的鬼抓去见阴间长官，所谓的冥司，这意味着马上就要死了，吴勉学不断地叩头，希望获得生还，重回人世阳间。

这时，旁边有一判官向冥司禀道：“吴生的阳寿还未完”。

吴勉学一听大喜，连连向冥司叩头说：“我愿做好事”。

冥司问：“你打算做什么好事呢？”

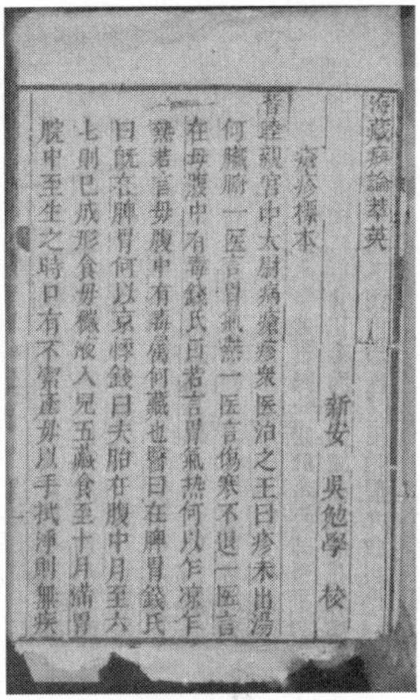

吴勉学所刻书之一

吴勉学说道："我看到人世间流传的医籍很多都有错乱，我想进行订正后再重新刊刻出版"。

冥司一听，有点高兴了，又问："你打算刻多少书呢？"

吴勉学回答："我要尽我的全部家产来刻书"。

冥司问道："你家有多少家产？"

吴勉学答道："我家有三万家私，可全用来刻书"。

听到这里，冥司点头了，将他放回人间。

吴勉学喜出望外，忽然醒了，原来是一场梦！

这个故事今天看来似乎荒诞不经，但我却认为可信。我们知道，古人是相信鬼神的，做梦遇见鬼神也是有的。而且这个梦很可能就是吴勉学自己讲出来的，说者无心，听者有意，在一个小圈子里代代流传，终于被徽州人赵吉士知道而录入书中。

《医统正脉全书》书影

吴勉学既然做了这个梦，那他是一定要履行自己的诺言的，所以他就开始刻书。他家本来就藏有大量图书，尤其是医书，于是他首先利用家藏之便，刊刻医书。他在万历二十九年（1601）辑刻了一部《古今医统正脉全书》，该书由万历年间金坛学者王肯堂辑，内容广泛，时间跨度大，上始《黄帝内经素问》，历代医家如汉代的张机，唐代的王冰，金代的成无己、刘元素、张从正、李杲，元代的王好古、朱震亨、齐德之、滑寿及明代的戴元礼、陶节安，等等的医学著述，只要在社会上评价较好的，都统统集刻在一起，有的医家著述多的收刻达六七种。这套丛书共收录四十四种医书二百零四卷，部头非常大，成为最早汇刻的医学丛书之一。所有收进来的医籍，吴勉学都经过了认真仔细的校勘，所以质量很高，至今仍被列为中华十大医学丛书之一。此书后来还流传到日本，在日本又不断翻刻，至今吴勉学所刻的版本还珍藏在日本的图书馆里。此外他还先后刊刻自辑的《痘疹大全》八种二十卷、明顾从德编《医学六经》六种六十八卷、宋朱肱撰《重校类证活人书》二十二卷、宋张杲撰《医说》十卷、明俞升撰《续医学》十卷、自编金朝刘完素（守真）撰《刘河间伤寒六书》八种二十七卷、明陶华撰《伤寒六书》六种十卷、明戴元礼辑《证治要诀类方》四卷、《医学发明》十一卷、《活发机要》三种六卷、自编《师古斋汇聚简便单方》七卷等等。刊刻这么多医书，这在当时是非常了不起的。他为保存古代文献资料，传播中医论著，发展祖国医学作出了重要的贡献。

吴勉学刻《刘河间伤寒六书》

由于吴勉学号“师古”，所以他把自己的书斋命名为“师古斋”，刻书坊也以此为名。“师古斋”刻的书在当时影响很大。作为一个出版商，他的“师古斋”当然不仅仅刊刻医书，也刊刻其他各种各样的书，经史子集只要社会需求，他都刊刻。

特别值得一提的是，万历三十年（1602）吴勉学刻《四唐汇诗》，所谓“四唐”，是后世人们根据唐诗风格的变化发展，把唐诗分为四个阶段，即初唐、盛唐、中唐、晚唐，不同阶段的唐诗风格有所变化，所以吴勉学刻《四唐汇诗》是很受欢迎的。该书卷帙几达五百卷，可见这是一个大型的唐诗搜集整理出版工程，堪称最早的全唐诗选本。由于此书刻得非常精美，今存世作为国家级善本的仅初、盛唐两集就达二百二十八卷。

为什么“师古斋”刻的书深受欢迎呢？就是因为吴勉学非常注重刊刻质量，聘请优秀的刻工执刀。徽州的刻书之所以能成为全国四大刻书中心之一，得益于徽州有一批优秀的刻工队伍。像歙县虬村黄氏，“尤多良工”。当时以刻雕版画著称，他们所刻的山水、树木、楼屋、仕女，无不精绝。吴勉学就长年聘请一批黄氏刻工为他刻书，刻出来的书当然令人赞不绝口了。

据当今学者统计，吴勉学在隆庆、万历间总计共刻书三百余种三千五百余卷。难怪史籍记载：吴勉学“刻资费及十万”。花了十万多两白银用来刻书，可见他真是当时出版界的巨商了。当然他也从中获得丰厚利润，在为社会贡献的同时，自己获得报酬，这本是无可厚非的。

“马版”声名传天下

如果说吴勉学是专职出版家的话，那么我们下面介绍的马曰琯、马曰璐兄弟俩可就是兼职出版家了。虽说是兼职,但由于他们极其认真,刻出来的书好评如潮,号称"马版"。

马曰琯、马曰璐兄弟是徽州祁门人,因父祖来扬州经营盐业,遂定居于此。家中世代业盐,自然十分富有。马曰琯、马曰璐兄弟从小由于家教很好,没有成为那些富贵人家中常有的游手好闲、花天酒地的纨绔子弟,而是勤奋读书,文雅翩翩,所以两人都是博学多才,工诗能文,人称"二马"。

"二马"长大后继承了偌大的家业,他们兢兢业业,齐心合力,把盐业生意搞得红红火火。经营之余就一门心思扑在文化事业上。他们不稀罕走读书做官之路。朝廷举行博学鸿词科考试,意在正常的科举考试之外,通过这种考试,网罗社会上的博学之士,地方上每次都推荐二马参加考试,但都被他们屡屡婉拒,所以终其身仍是一介布衣儒生。所以时人评价他们:"商人得此,谈何容易!"之前已说过,他们极爱藏书,尤其酷爱古籍,只要看到未见之书,必重价购买,他们建有一别墅名为"小玲珑山馆",山馆里建有一幢"丛书楼","前后二楼,藏书百橱"。所藏书籍,经、史、子、集,基本具备,多达十万余卷,时人认为"丛书楼"藏书与当时著名藏书楼"天一阁""传是楼"不相上下。马曰璐曾有诗赞"丛书楼":"卷帙不厌多,所重先皇坟。惜哉饱白蟫,抚弄长欣欣"。所谓"皇坟",是指传说中的三皇时代的典籍,在这里比喻很古的书籍。白蟫是指书中的蠹虫,以吃书页为生。这首诗的意思是我们丛书楼里的藏书是多多益善,尤看重的就是年代久远的古籍。我们就像书中的蠹虫一样,整天生活在书的海洋中,每当抚弄起书本总感到欣然无比。

和一般藏书家不同,"二马"的藏书决不是"藏在深闺人不识",他们不仅欢迎学者前来研读,而且把一些世人极希望看到而社会上流传不广的书籍刻印出版。而且他们刻书不是为了利润,而是为了传播文化,所以他们往往不惜重金。最突出的例子是资助刻印著名的《经义考》。

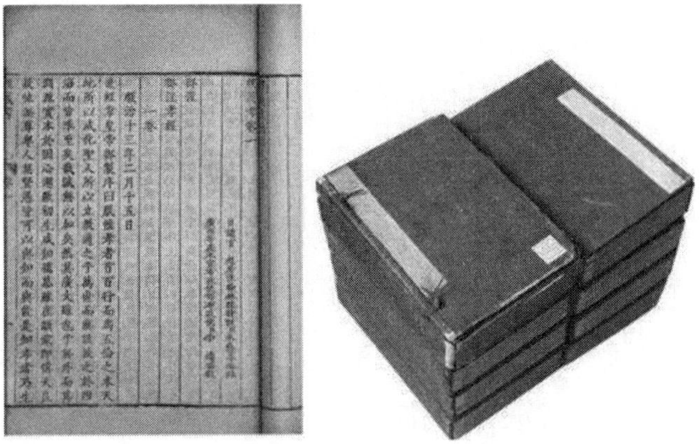

马曰琯不惜千金刊刻《经义考》

《经义考》的作者是著名的学者朱彝尊,他鉴于当时谈经者只局限于一家之言,而先儒很多有价值的见解百分之九十都被摒弃了,这当然不利于学术的发展,也不利于后人对经学的理解,所以他发愤著成《经义考》三百卷,分存、佚、阙、未见四门。1705年,康熙皇帝南巡至扬州,朱彝尊曾以《经义考》中的《易书》两种进呈,获得皇帝嘉奖,奉旨将书留存宫中南书房,并谕令朱彝尊赶快将该书刻完,还特赐"研经博物"四个大字匾额。这对一个学者来说真是罕见的隆遇!所以全书写好后,即开始刻印,谁知校刻过半,朱彝尊不幸患病,最后赍志以殁。如要刻完此书,需要巨额资金,当时家中无法承担,只好作罢,遗

朱彝尊像

稿一直由他的孙子朱稻孙保管。

转眼几十年过去了，到了1734年，朱稻孙在扬州遇到马曰琯兄弟，谈及此事，马曰琯非常热心，表示一定要将书籍刻完，谁知中间又因种种原因，没有刻成。又过了二十年，在扬州盐政支持下，将此事托付给马曰琯。马曰琯感觉此事重大，刻资倒是完全可以承担，但若要使此书确保质量，关键是不能出错，这非一人之力可以完成，乃邀请一些著名学者共襄其事，主要是校对。众学者充分利用“丛书楼”藏书，对原稿每个字都进行认真校对，花了一年多的工夫，终于补刻完一百三十卷，从而使《经义考》三百卷这么重要的著作得以问世，马曰琯不仅捐出一千多两银子，承担全部刻资，而且自始至终参与商略考订，并兼所有事务。正如朱稻孙在此书的后序中所说，此书得以问世，那些穷经稽古之士得以读到这部著作，并摸到治经的门径，真是“拜使君（指扬州盐政）与嶰谷先生（指马曰琯）之嘉惠者，良匪浅矣”。

二马除了资助刊刻《经义考》以外，还刊刻了不少其他书籍，总计达五六百卷之多。如《许氏说文》《玉篇》《广韵》《字鉴》等书，这些都是古代的字书，即学者不可或缺的工具书。工具书的刊刻要求很高，不仅部头大，费钱多，而且决不能出错。由于他们刻书不是为了谋利，而是出于对传统文化的热爱和传播，再加上他们资金充足，能够聘请最好的工匠镌刻，用最好的纸墨印刷。尤其是他们都是饱学之士，每刻一本书，都博采众籍，对书稿进行认真的考订、校勘，纠正不少以往的错讹，所以印出来的书不仅形式十分精美，而且内容正确无讹，质量很好，受到学术界的极大欢迎，人们将马氏刊刻的书誉为“马版”。

“马版”的刊刻质量，我们可以引用当时人的一段评价，《清稗类钞·鉴赏类》引前人评论说：“小玲珑馆马氏重刻五经文字、九经字样，气动墨中，精光四射，视西安原本，几几青出于蓝”。这个评价是相当高的。当代已故著名学者谢国桢对雍正己酉(1729)年“二马”刻印的《韩柳年谱》推崇备至,称赞它“是一部雕刻精美的书籍”。如今“马版”书还有不少珍藏在国内各大图书馆中。

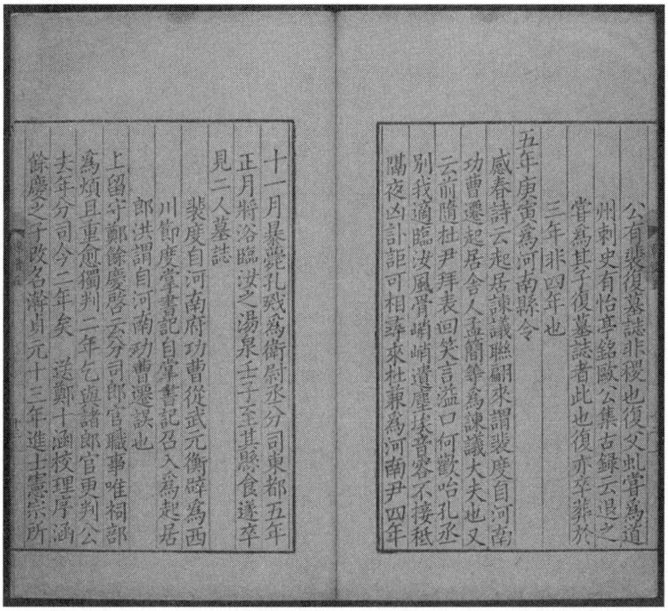

公有裴復墓誌非稷也復父虬嘗爲道
州刺史有怡亭銘歐公集古錄云退之
嘗爲其子復墓誌者此也復亦卒葬於
三年非四年也
五年庚寅爲河南縣令
感春詩云起居諫議聯翩來謂裴度自河南
功曹遷起居舍人孟簡等爲諫議大夫也又
云前隨杜尹拜表回笑言溢口何歡咍孔丞
別我適臨汝風骨峭峭遺塵埃音容不接秖
隔夜凶訃詎可相尋來杜兼爲河南尹四年

十一月暴薨孔戣爲衛尉丞分司東都五年
正月將浴臨汝之湯泉壬子至其縣食遂卒
見二人墓誌
裴度自河南府功曹從武元衡辟爲西
川節度掌書記自掌書記召入爲起居
郎洪謂自河南功曹遷誤也
上留守鄭餘慶啓云分司郎官職事唯祠部
爲煩且重愈獨判二年乞與諸郎官更判公
去年分司今二年矣　送鄭十涵校理序涵
餘慶之子改名澣貞元十三年進士憲宗所

二马所刻《韩柳年谱》书影

如今三百多年过去了,人们还常常提及“二马”,说明“二马”不死,他们永远活在人们的心中。为什么?就是因为他们给社会留下了宝贵的精神文化财富。从中我们可以悟出一个道理:什么能够传之久远?不是财富,而是文化。难怪清代著名学者阮元曾说过这样一段意味深长的话:

征君(马曰琯曾被推举参加博学鸿词特别考试,坚辞不赴。故人们称其为征君)昆弟业鹾,赀产逊于他氏,而卒能名闻九重,交满天下,则稽古能文之效也。当时拥重赀过于征君者奚翅什伯,至今无人能举其姓氏矣。

意思是说"二马"兄弟作为盐商，资产少于他人，为什么却能名闻朝廷，交满天下？就是因为他们能够做到考察古代，总结经验，为今所用，又善于作文，留下了不少著作，而当时资产超过"二马"十倍、百倍的商人，如今人们连他们的姓氏也不知道了。

鲍廷博与"知不足斋丛书"

他是一位徽州商人，但同时又是藏书家、出版家。作为商人，他没有创造什么奇迹，可作为出版家，他祖孙三代所刻的"知不足斋丛书"却名传千古。他就是清代乾隆、嘉庆年间的鲍廷博。

鲍廷博是徽州歙县长塘人，从小就极懂事，父亲鲍思诩长年在外经商，遂与祖父居于家乡。当时祖父年岁已高，父亲又不在身边，鲍廷博子代父职，克尽孝道，竭力照料祖父起居，甚得祖父欢心。祖父去世后，父亲遂将鲍廷博带到杭州居住，后又因经商需要，迁居到浙江嘉兴府桐乡县青镇杨树湾，从此世代在此定居。鲍思诩经营什么生意，史料上没有什么记载，有记载说他家"世以冶坊为业"，那就是从事铁器冶铸，当然鲍家也由此致富。

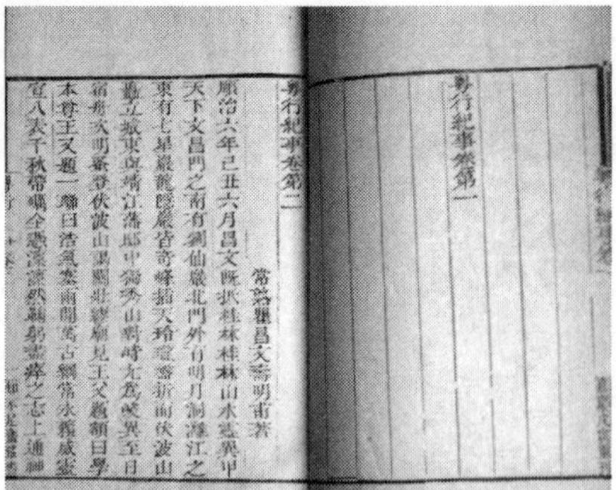
粤行纪事卷第二
常熟瞿昌文寿明甫著
粤行纪事卷第一

知不足斋刻《粤行纪事》

与不少徽商一样，鲍廷博从小就刻苦学习，曾是县学生员，也就是俗称秀才。本来在这样的家庭，经济富足，自己又酷爱读书，科举入仕应是不远的目标，但他志不在此，做官对他毫无吸引力。他父亲喜爱读书，为了满足父亲的愿望，鲍廷博不惜重金购买很多书籍来娱亲，鲍廷博也因此深深爱上了读书和藏书。他藏书有一个特点，就是“喜购秘籍，蓄异书”，因此几十年来，他家收藏了大量社会上难以见到的图书，尤其是宋元甚至更早的古籍，多达几千种，数万卷。当时著名学者阮元做浙江学政时，往往利用到嘉兴、湖州主持考试之便，抽空驾驶小船到鲍廷博家拜访，观其藏书。后来阮元做到浙江巡抚，与鲍廷博见面的机会更多了，经常邀请鲍廷博至衙署，与他讨论古籍上的有关问题。鲍廷博也成了远近闻名的大藏书家。他取《大戴礼记》中“学然后知不足”的语义，将自己的藏书斋命名为“知不足斋”。

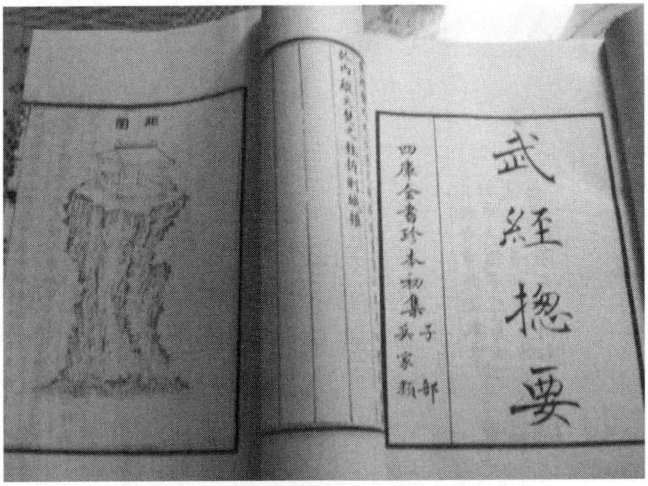

《武经总要》书影

乾隆三十八年(1773)，皇帝下诏开建四库馆，纂修《四库全书》，同时采访天下遗书。鲍廷博积极响应，从其家所藏书中挑选六百余种精品善本，命子鲍士恭由浙进呈。由于“知不足斋”进呈的图书非常珍贵，当这些书籍被内廷抄录后归还原书时，乾隆皇帝还在进呈的两本书《唐阙史》和《武经总要》上题写了两首御诗，其中有“知不足斋知不足，渴于书籍是贤乎”之句，并奖励他《古今图书集成》一套，这在当时真是莫大的荣耀。

“知不足斋丛书”书影之一

中国历史上，不少私人藏书家是将图书作为炫耀品的，“重藏轻用”“秘而不宣”，既不出借，也不让人抄录，有的甚至做出“借书不孝”的规定，这样做非常不利于文化的传播和学术的进步。这种藏书态度，鲍廷博是嗤之以鼻的。随着自己藏书的日益丰富，鲍廷博一直在思考一个问题，如何使这些珍贵的图书传下去，让更多的人读到这些图书？他认为，物之聚散，是古今常理。如果没有好的办法，图书散落是很快的。千百年来，学术著述成一家之言的可谓不计其数，但迄今散佚不存的也不计其数，不能不说是极大的遗憾。所以他认为必须“谋所以聚之之方矣”。那么怎样才能使图书“聚之”而不散落呢？他从古人编辑刊刻的丛书如宋代左圭《百川学海》、元末明初陶宗仪《说郛》以及明代陈继儒的《宝颜堂秘籍》中得到启发，认为“惟荟萃一编俾有统摄，则诸子百家之撰述常聚也”。就是说只有刊刻丛书，才能使这些零散的著作聚在一起，而不致散佚。于是他决定将家藏的秘本、善本编成丛书，刊刻印行，使之流传，并决定命名为“知不足斋丛书”。

对不负责任、只图谋利的书商来说，刻书是不难的。只要拿来书籍底本，请来刻工，在雕版上照葫芦刻瓢，刻完印刷就行了。但是如果底本有错误或者刻工刻错了，岂不谬种流传、贻误众人吗？对于这些，那些书商们是不管的，只要书卖出去钱到手，就万事大吉了。历史上流传下来的书籍之所以有的鲁鱼豕亥、错误百出，有的脱字衍字，有的脱页窜行，有的张冠李戴，正是这样造成的，从而贻误了多少学者。

鲍廷博绝不是这样的书商，他要向社会贡献最好的图书。

第一，刊刻精品。哪些是精品？鲍廷博决定要刻就刻那些学者需要又很难看到的稀见图书。正如他自己所说，所刻之书，"或敝箧旧藏，或书肆新得，或友人持赠，或同志借钞（抄），"都是学术价值很高的书。

第二，反复校勘。确定要刻的书不是拿来就刻，而是经过反复校勘。也正如他自己所说："旧本转写，承讹袭谬，是编每刻一书，必广借诸藏书家善本，参互校雠。遇有互异之处，择其善者从之；义皆可通者，两存之；显然可疑而未有依据者仍之，而附注按语于下。从未尝以己见妄改一字，盖恐古人使事措辞，后人不习见，误以致疑，反失作者本来也"。为了借到最好的善本书，他跑遍了当时浙江的几个大藏书家的书库，如若赵氏"小山堂"、卢氏"抱经堂"、汪氏"振绮堂"、吴氏"瓶花斋"、孙氏"寿松堂"、郁氏"东啸轩"、吴氏"拜经楼"、郑氏"二老阁"、金氏"桐华馆"等等，"参合有无，互为借钞（抄），至先哲后人家藏手泽，亦多假录"。为了校勘，原书中"一字之疑，一行之缺，必博征以证之，广询以求之，有得则狂喜如获珍贝，不得虽积思累岁月不休"。这是多么认真负责的精神啊！

第三，认真校对。当原书经过仔细校勘以后，该补、该改、该注的地方都做好了，这样才能请人写样，再由刻工雕刻。这道工序他也极其认真，"详慎于写样之时，精审于刻竣之后，更番铅椠，不厌再三"，如果发现刻错了，就重刻或换版。总之，一定要原原本本反映古人著作

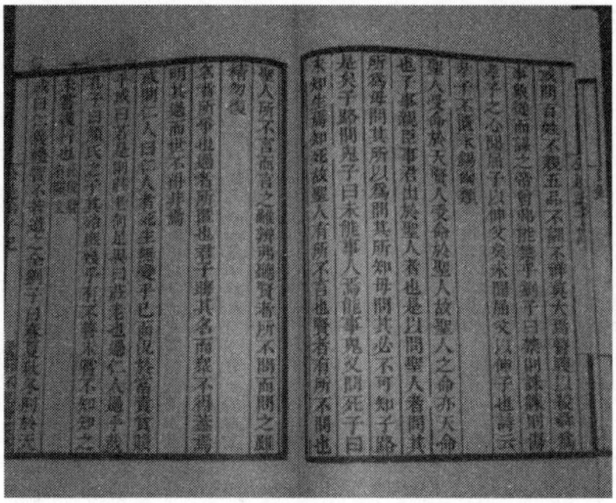

“知不足斋”所刻书因质量高深受社会欢迎

的原貌，用他自己的话来说，“每刻一书，乐与同志悉力校勘，务求完善”。之所以这样做，就是“以期无负古人”。一个商人，有这样的文化自觉，实在难能可贵。

“知不足斋丛书”第一集很快问世了，第一本就是有乾隆皇帝御题诗的《唐阙史》。学者们欣喜异常，称赞有加，鲍廷博受到了极大的鼓舞。于是他就一集一集地继续刻，每一本书他都经过认真校勘，其一丝不苟的精神，从别人的评价中就可看出。仅举一例，清代学者吴寿旸在《拜经楼藏书题跋记》中谈到“知不足斋丛书”中所刊刻的《高丽图经》时这样写道：

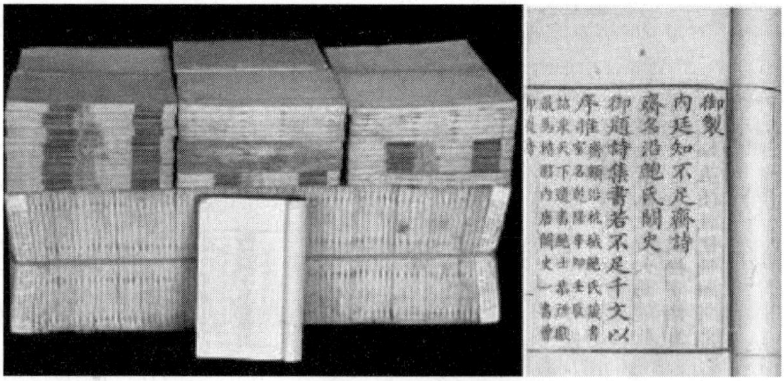

《唐阙史》书影

知不足斋丛书中刻本，绿（渌）饮（鲍廷博，字以文，号渌饮）先生从宋本校，格式行款及字句同异，俱亲手涂改、添补，蝇头细楷，丹黄粲然，弥足见先生读书之精审。

“知不足斋丛书”的连续刊刻，在社会上的影响越来越大，甚至传到了皇宫，皇帝也关注此事了。嘉庆十八年(1813)，方受畴巡抚浙江，皇帝问到鲍氏丛书现在续刻到哪一集了，方公以续刊之第二十六集进奉。皇帝看了后，非常高兴，颁布上谕：

> 生员鲍廷博于乾隆年间恭进书籍，其藏书之知不足斋仰蒙高宗纯皇帝宠以诗章，朕于几暇亦曾加题咏。兹复据浙江巡抚方受畴代进所刻“知不足斋丛书”第二十六集，鲍廷博年逾八旬，好古绩学，老而不倦，著加恩赏给举人，俾其世衍书香，广刊秘籍，亦艺林之盛事也。钦此。

一个书商竟因刻书被皇帝钦赐举人，真是喜出望外，确是艺林盛事也。而此时鲍廷博已经八十六岁了。

尤其值得指出的，此前嘉庆皇帝知道鲍廷博的书斋为“知不足斋”，而宫中也有一个“知不足斋”，在一般情况下，民间书斋怎能和宫中书斋同名呢，当然必须改名。可嘉庆皇帝特别传谕浙江巡抚：我近日读了鲍氏丛书，他的书斋名也叫知不足斋，虽然与宫中书斋名相同，但可告诉鲍氏，不要改此名。我这里的寓意是指帝王家的知不足，鲍氏的寓意乃指读书人的知不足。

鲍廷博能够受到如此宽待，正说明皇帝对“知不足斋丛书”的高度重视。

知不足斋印

皇帝的嘉奖和重视，社会的欢迎和好评，给了鲍廷博极大的鼓励，他倾其家产，继续刊刻，当第二十七集还未刻完时，嘉庆十九年(1814)，鲍廷博与世长辞。临终前他特别交待儿子鲍士恭一定要继续刻下去，不要辜负皇帝的褒奖。鲍士恭继承父亲遗志，继续刊刻至三十集，一共刻书一百九十八种，七百六十五卷。

三十集“知不足斋丛书”，每一集都堪称精品，问世后久为学界十分推重。为什么？当时有人总结了该丛书的三大优点：一是全书三十集，近二百种，搜罗之富，实罕其比。二是所辑各种，或旧刻脱讹而此独完好，或中土久佚而传自海外。也就是说有的书虽有旧刻本，但因校勘不精，错讹百出；有的行世久远，旧版已经散亡，该丛书都弥补了这些缺点。有的是中国早已失传，而自海外购得重刻的；有的是时贤先辈所著书稿，尚未刊刻而由丛书首次刊刻的，因此价值相当高。三是无陈陈相因之弊，且皆学者必需之书，采辑之善，允推独步。

“知不足斋丛书”书影之一

鲍廷博作为一名商人，由于对文化的无比热爱，倾其家产刊刻“知不足斋丛书”，为中国传统文化宝库增添了宝贵财富。虽然他为此献出了毕生的精力，但他的名字却与“知不足斋丛书”一样，永远彪炳史册。

安素轩石刻

徽商刻书保存了大量的传统文化。刻书是在木板上雕刻，是谓木刻，那在石板上雕刻，就叫石刻。提到石刻，又是徽商创造了历史上的奇迹，这就是清代徽商的“安素轩石刻”。“安素轩”是清代乾隆间两淮盐业总商鲍志道的书斋名。

提到鲍志道，可谓两淮盐场赫赫有名的人物。鲍志道，字诚一，歙县棠樾人。从小家人培养读书，虽好学上进，但由于家中贫困，十一岁时只得弃儒就贾，到鄱阳一家商店学习会计。过了一段时候又来到金华打工，转而又到扬州的拼茶场，后又到了湖北，似乎做一些小生意或帮人佣工，可能一是没有经商的资本，二是没有遇到赏识他的人，反正一直都没有发迹。在各地闯荡了八九年时间，他也积累了相当的社会阅历和经商经验，二十岁的时候，他决定再到扬州，受到一家老板聘用，帮他经营盐业。这家老板虽然有钱，可是不会经营，生意一直没有起色。而鲍志道接手后，充分发挥了自己的经商才能，使盐业生意大有起色，迅速扭亏为盈，老板也以此发家。这一切都得力于鲍志道的努力，所以老板自然给他很多报酬。而鲍志道也在做好老板

《鲍氏宗谱》书影

生意的同时，附带做起了自己的盐业生意，又赚了不少钱。这样几年下来，他就积累了一笔可观的资金。于是他不再佐人业盐，而是独立经营起盐业来。

海阔凭鱼跃，天高任鸟飞。鲍志道一旦自立门户，真是如鱼得水，他充分发挥了自己卓越的经商才能，很快在两淮盐商中崭露头角。不久，鲍志道就被推举为两淮总商，成为众多盐商的首领，当然他自己也迅速得以致富。

随着鲍志道的发迹，他的儿子鲍漱芳也迅速成长起来。鲍漱芳，字席芬（一说惜分），也是经商的一把好手，成了父亲最得力的助手。他们父子致富后没有忘记自己的社会责任，一方面矫革盐商中泛滥的奢靡之习，一方面敦本好义，热心社会公益事业。例如他目睹盐船运输中，往往因风浪翻船，翻船盐商就此倾家荡产，有的甚至自杀身亡。作为总商，他首倡“淮南津贴法”，就是一旦有盐船覆溺者，其他众商津贴之。一人有难，众人来帮。这个办法一提出就得到众多盐商的支持，运盐者从此也解除了后顾之忧。鲍氏父子在重教兴学、赈灾济荒方面更是做了大量的善事。嘉庆八年（1803），川、楚、陕三省爆发农民起义，清政府花了很大力气镇压，鲍漱芳因组织富商捐助大批军饷有功，被任命为两淮盐运使，掌管两淮盐业大权。嘉庆二十五年（1820），鲍家又捐修八百里河堤并捐助三省军饷，嘉庆

乐善好施坊（局部）

皇帝敕建“乐善好施坊”予以旌表,如今还屹立在安徽省歙县棠樾牌坊群之中。可知鲍漱芳与其父一样,在两淮盐业中不仅在经济上是富埒王侯的大盐商,在政治上也是个举足轻重的人物。

鲍志道和鲍漱芳父子非常热爱中国的传统文化,他们不仅收藏了大量的图书,而且收藏了很多前人的法书名帖。特别是鲍漱芳对中国古代书籍和法书名画喜爱有加,据他的朋友、艺术家冯㸚所说:“(鲍漱芳)嗜书成癖,尤爱墨宝,尺幅寸楮,购藏不惜资”。因此,不少鉴赏家多将自己家中所藏珍秘书画拿出来出售给他,当然他是审之又审,以防赝品。久而久之,他们积累了很多先朝古籍,尤其是古代各朝的法书名画。解放后,安徽省博物馆收藏了一份《棠樾鲍氏安素轩藏书画目录》,可能还不全,但就这份目录来看,鲍漱芳实在堪称收藏大家。仅以名画和法帖而言,他所藏的元明清著名画家的作品就有一百四十件,所藏唐宋元明清各大家书法墨迹和宋拓本有46件,真是价值连城啊!鲍氏后裔、晚清鲍瑞安对家底自然清楚,他也说:“吾家‘安素轩’皆百年旧族,多蓄宋元书籍、法帖名画、佳砚、奇香、珍药,与夫尊彝、圭璧、盆盎之属。每出一物,皆历来为赏鉴家所津津称道者,而卷册之藏尤为极盛”。鲍漱芳虽然为此花费了巨额资金,但他平时欣赏把玩,却也尝到了无穷的乐趣。

欣赏之余,鲍漱芳也常常思考一个问题,如何把这些无价之宝保存下去?传给子孙,就能保得住?他亲眼看到一些收藏家收藏的那些法帖名画,传到不肖子孙手里,无不成了他们换钱挥霍的资本,不把那些父祖辈呕心沥血积累的宝贝败光,是不会善罢甘休的。就算是孝子贤孙,能够保住这些宝贝,可岁月却无情啊!那些画在、写在纸上绢上的名画和书法,随着时间的推移,也是很难保住啊!怎么办?鲍漱芳陷于苦苦的思索中……他想到了家乡的石雕,徽州的石雕可谓闻名遐迩，那些雕刻在石上的人物、花鸟、风景，虽经多少年的日晒夜露、风吹雨打，却仍然栩栩如生，让人流连忘返。

安素轩石刻

鲍漱芳终于想到了一个万全之策，何不将这些法书刻到石上，这不是可以永久保存下去吗？此事说起来容易，做起来可难了。那些书法家的作品，一撇一捺、一点一横，有重有轻，有枯笔，有飞白，稍不留意，神韵顿失，光彩全无。这决不是一般的刻匠所能胜任的，必须寻找高手大家才能完成此项艰巨任务。

鲍漱芳想到了党锡龄，他是扬州雕刻大家，鲍漱芳记得他曾将当时的著名书法家、也是自己的好友翁方纲的书法刻勒上石，翁方纲看了后曾下了这样一个评语："刻拙书能肖，相去无几"。应该说这是对他雕刻艺术的充分肯定。鲍漱芳决定不惜重金聘请他担当此任。

《安素轩石刻精选》书影

鲍漱芳将自己家中的藏品精心挑选了四十余副作品，汇为《安素轩法帖》，由党锡龄精心钩摹上石，镌刻法帖，永久保存。其中有唐勾本王羲之《兰亭集序》、李北海书《出师表》、苏东坡诗、米芾小楷等，都是极其珍贵的艺术作品。还有文徵明、祝允明、董其昌等书法，并有米芾、倪瓒、程瑶田、沈德潜等名人题跋。

这项工作于清嘉庆四年(1799)开始，

谁知开镌后的第九年即嘉庆十二年(1807),鲍漱芳一病不起,弥留之际,他谆谆嘱咐两个儿子鲍冶亭、鲍约亭一定要继续完成他的遗愿。两个儿子继续操劳此事,但不久长子鲍冶亭又因病去世,小儿子鲍约亭独自担当完成父愿的重任。终于在道光九年(1829)完成了镌刻工程,后又增补了一些法帖,如赵孟頫书写的《道德经》《急就章》与《陈情表》;苏东坡书写的《雪暗苍龙阙》诗札;陈大文撰文的《集颜字田记》。这项工程连头带尾花了三四十年时间。从鲍志道开始,到鲍漱芳、鲍冶亭、鲍约亭,经过三代人收藏,两代人镌刻,终于完成了一百八十余方石刻《安素轩法帖》这一浩大工程。

《安素轩法帖》的镌刻不仅有效地保存了中国古代优秀的文化遗产,而且反映了鲍氏祖孙对中国传统文化的热爱和敬畏。

我们尤其要看到,咸丰六年(1856)太平天国农民军攻克扬州后,鲍氏所藏损失不少,但正因为不少墨宝已经刻勒上石,而这些碑刻还完好无损,从而使后人还能欣赏到这些瑰宝,否则它们就永远在人间消失了。

将"安素轩石刻"捐给国家的鲍氏后人、画家鲍娄先雕塑

解放初,这批刻石一直为鲍氏后人鲍娄先保存,后来他捐献给了扬州市博物馆,成了该馆的镇馆之宝。还有部分刻石藏于安徽省博

物馆。

新文化的媒婆——芜湖科学图书社

1923年胡适为祝贺一家书社成立20周年，曾写了一副对联相赠：“为新文化做了几十年媒婆，给旧世界播下数千颗逆种”。什么样的书社能得到如此高的评价？它就是坐落在安徽芜湖的科学图书社。

这个位于芜湖市中长街20号的科学图书社，门面不大，二层普通楼房，在当时繁华热闹的十里长街，与那些鳞次栉比的店铺相比，从表面上看，实在普通得没有一点特别之处。然而，“山不在高，有仙则名；水不在深，有龙则灵”。就是这样一个普通的图书社，却在新文化运动中起到了大作用，难怪胡适先生给予如此高的评价。

芜湖科学图书社是徽商创办的。他的创办人是汪孟邹。

1927年芜湖市民在长街科学图书社门口庆贺北伐胜利

汪孟邹，当时的徽州绩溪人，住在城内白石鼓（现名南大街54号），1877年生，他和其他徽州人一样，自小读书，和兄长汪希颜都是师从当时的名师胡晋接，在老师的悉心栽培下，汪孟邹二十岁就中了秀才。19世纪末，虽然清政权尚在维持，但已岌岌可危，中国社会已发生了剧变，西方思想通过各种渠道传到中国。胡晋接就是一位具有新思想的老师，他不但教他们做八股，也教他们一些新知识，劝他们多看一些新书和报纸。在他的影响下,1897年汪希颜从家乡来到南京,进了江南陆师学堂,湖南名士章士钊也在此校读书,从此两人结为好友。1901年在哥哥的感召下,汪孟邹也进了江南陆师学堂学习,谁知就在这年下半年,老父去世。兄弟俩返里奔丧,由于家中尚有老母在堂,汪孟邹只好辍学在家侍奉高堂。不曾想第二年兄长汪希颜又病逝,遗下两个侄子一个侄女,一家之务,千钧之重,一下子落在汪孟邹肩上。

未来怎么办?唯一出路就是像大多数徽州人一样,出门经商。老师胡晋接极力劝他到芜湖开设书店。没有资本,只好变卖家中几亩土地,胡晋接又和其他人投了一些钱入股,1903年汪孟邹来到了芜湖。汪孟邹之所以到芜湖经商,一是芜湖离家较近,便于回乡省亲;二是芜湖是徽商的聚集地之一,自明代开始就有大批徽人在此经商,这里几乎就是徽商的天下,到这里经商自然能够得到老乡的帮助;三是芜湖水陆交通发达,上接九江、汉口,下连南京、镇江、上海,信息灵通,风气领先的城市,商机很多。汪孟邹在老乡的帮助下,在十里长街徽州会馆的隔壁租下了一间两层楼的门面,开起了一爿书店,并命名为科学图书社,专门出售新书和文具仪器之类。开张第一天,只卖出一本书,但汪孟邹确有一种百折不挠的徽商精神,并不气馁,反而更加努力。

科学图书社的转机得力于陈独秀。1902年底陈独秀决定赴日留学时路过南京,曾去江南陆师学堂拜访过安徽老乡汪希颜,两人一见如故,相见恨晚。在这次见面中汪希颜向陈独秀介绍了自己的弟弟汪孟邹。随后汪希颜又给汪孟邹写信,向他介绍了“皖城志士陈仲甫(陈独秀字仲甫)”。1903年底,接受了新思想的陈独秀回到安庆,他同进步人士房秩五、吴汝澄决定创办一份报纸《安徽俗话报》,广泛报道和评论国内外时事政治,介绍科学文化知识,灌输近代国家观念和民主自由的思想,并暗中鼓吹革命。但由于各种条件不成熟,陈独秀想起了芜湖的汪孟邹，决定将《安徽俗话报》迁到芜湖。陈就给汪孟邹及其老师胡晋接写信，胡晋接极力推荐，而汪孟邹早闻“皖城志士”陈独秀大名，当即欣然应允。鉴于芜湖当时还没有印刷厂，汪孟邹建议将报纸编好后送到上海印刷，再运到芜湖发行。陈独秀非常高兴，立马通过章士钊在上海联系了印刷厂。就这样，1904年3月31日，第一期《安徽俗话报》在芜湖科学图书社正式发行。

该报是一份三十二开的半月刊，每期四十页，每月初一、十五出版。文字极为通俗，陈独秀作为主要撰稿人，发表了大量的文章，介绍反封建的新思想和国内大事，从而在社会上产生了强烈的反响。销量大增，一度每期发行三千份，全国各地的“代派处”有五十八个，是国内俗话报中非常有影响的一种报纸。为了编辑方便，陈独秀索性搬到科学图书社二楼居住，每当《安徽俗话报》由上海寄来时，陈独秀亲自动手分发、卷封、付邮。该报刊出二十三期，最后被迫停刊，科学图书社在发行上自然立了大功，起到了宣传革命、组织革命的作用。

《安徽俗话报》书影

由于发行《安徽俗话报》这份因缘，陈独秀和汪孟邹结下了深厚的友谊，彼此之间很信任。陈独秀也就把科学图书社作为自己宣传革命、组织革命的一个据点。陈独秀经常召集一些志同道合者来科学图书社商议一些重要事项。

1905年，时为安徽公学国文教习的陈独秀，与该校体操教习的柏文蔚联合学生中的先进分子常恒芳等人，成立了安徽第一个资产阶级革命组织——岳王会。当初策划、筹备工作就是在科学图书社进行的。

1905年，在这小小的科学图书社里更是策划了一件轰动全国的大事。此前，陈独秀广交的革命志士，如陈天华、赵声、杨笃生、吴樾等都深受陈独秀影响。当时鉴于清廷实施“立宪”骗局，陈独秀和赵声、吴樾遂有利用炸弹“震动已死的人心，唤醒同胞的弥天大梦”的想法。

1905年初夏，吴樾、赵声和陈独秀约好，来到芜湖，就是在芜湖科学图书社小楼秘密策划炸死慈禧太后。与此同时，孙毓筠和柏文蔚在南京密谋炸死两江总督端方。这边科学图书社计划完毕之后，赵声和吴樾“互争北上任务”。吴樾说：“我没有妻子儿女，只是老父亲有些舍弃不下，但这次到芜湖前，我已回桐城，上了一趟龙眠山的老家的坟山”。赵声还是坚持北上，吴樾乃声泪俱下地问道：“舍生一拼与艰难缔造，孰易孰难？”赵声答道：“当然是前者易后者难”。“那让我来做这件容易的事，留下难事等待你们去做。”见到吴樾心意已决，陈独秀和赵声只好答应了。临别前三人在小楼上饮酒叙情，大有一番“风萧萧兮易水寒，壮士一去兮不复返”的气概。吴樾进京后，由于颐和园戒备森严，无法下手。适逢9月24日清廷五大臣载泽、绍英、徐世昌、戴鸿慈、端方出洋考察政治，吴樾决定改变计划，刺杀五大臣，但未能成功，吴樾壮烈捐躯。这一事件震惊清廷，轰动全国。谁能想到它发轫于芜湖科学图书社呢？

辛亥革命前后，科学图书社成了芜湖革命党人聚会的场所，一些进步人士如高语罕、刘希平等人经常在科学图书社聚会，交流革命思想，讨论时局大事，策划有关活动。

《新青年》第九卷第一号

1915年陈独秀自日本回国后在上海创办了一份极具影响的《青年杂志》（后改为《新青年》），大力宣扬科学、民主与新文学，发起了新文化运动。科学图书社就是《青年杂志》在外地的第一批销售处。与此同时，国内如雨后春笋兴起的一批革命刊物，如《新潮》《每周评论》《星期评论》《新生活》《建设与改造》等刊物，以及鲁迅的《呐喊》《彷徨》、郭沫若的《女神》等书籍也在科学图书社销售。科学图书社在向民众传播新思想、新文化方面做出了重要贡献。虽然自1913年后，汪孟邹就到上海创办亚东图书馆，但科学图书社仍继续经营。汪孟邹也不断关注、支持科学图书社，并在上海设立了科学图书社申庄，更扩大了科学图书社的销售渠道。一直到1937年日寇占领芜湖，才被迫歇业，共走过了三十四年的历程。

一个徽商开设的书店充当了几十年新文化的“媒婆”，在中国历史上写下了光辉的一页。

新式标点古典小说第一人——汪原放

说到标点符号，那简直是太普通、太普遍了。如今的任何书籍、报刊乃至广告，哪一个没有标点符号呢？任何一个只要有小学文化程度以上的人，哪一个不会使用标点符号呢？可是，你可知道，标点符号在我国推广使用还不到一百年！那时虽没有报刊，但书籍已存在几千年了，尽管书籍的载体不同，先后有竹简、木简、绢、纸，但所有的文字篇章都是没有标点符号的。就拿纸质古籍来说吧，打开一看，既没有分段，也没有标点符号，一个字连一个字，黑压压一片，这样的书让人怎么读呢？

基于上述情况，有识之士如胡适先生在一百多年前就大力提倡白话文，提倡标点符号，而受其影响并付诸行动，用新式标点整理古典名著的第一人就是徽商——汪原放。

现代出版家、翻译家汪原放

汪原放（1897—1980）是绩溪人，住在城内白石鼓（现名南大街54号），是前述汪孟邹的侄子。汪原放五岁丧父，仅读了七年书，十三岁时汪孟邹将他带到芜湖科学图书社当学徒。辛亥革命后，陈独秀打消了汪孟邹在政府做官的想法，力劝汪孟邹到上海开办书店。因此1913年汪孟邹就将17岁的汪原放带到上海，在福州路惠福里（四马路）租了店面，挂起了亚东图书馆和芜湖科学图书社申庄的招牌。那时的图书馆可不是我们今天的那种藏书丰富、供人阅览的机构，而是专事出版图书的机构，相当于今天的出版社。

汪孟邹不愧是一个有远见的人，在亚东图书馆创办伊始百事待兴、经费又很拮据的情况下，为了培训汪原放，他硬是挤出十元大洋送汪原放上夜校。汪原放也没有辜负叔叔的殷切期望,白天在馆内努力工作,晚上在夜校刻苦学习,不但学习中文,而且学习英文,同时利用一切空闲时间不断自学。经过一段时间的学习,汪原放的文化水平有了很大提高,英文也基本过关,所以汪原放被亚东图书馆聘为编辑。他又凭借自己的英文基础,先后翻译了《伊索寓言》《印度七十四故事》《一千零一夜》《鲁滨逊漂流记》等七本英文小说、寓言、童话,统统交给亚东图书馆出版,算是对亚东图书馆培养自己的回报。

陈独秀

在亚东图书馆期间,对汪原放影响最大的还是胡适和陈独秀。汪原放与胡适是绩溪老乡,他比胡适小六岁,所以平时总是亲切地叫他"适之哥"。胡适的《藏晖室札记》汪原放爱不释手,其中的《论白话文》《论标点符号》引起他的强烈兴趣。1917 年底,汪原放到北京推销打印机,就在胡适家住了一个多月,胡适指导他阅读中国第一流的白话小说《水浒传》《红楼梦》。1920年汪原放就萌生了用新式标点整理中国古典小说名著的想法,恰逢此时北京政府教育部又向各校颁布采用新式标点符号的教育令。但是光靠一纸命令是难以推广使用标点符号的。

汪原放决定亲自标点一部古典小说,他首先选择了在民众中有着巨大影响的《水浒传》。他先告诉了"适之哥"。胡适非常支持,并写了一张明信片给陈独秀,说"我一定送原放一篇三万字的《水浒传考证》"。汪原放就这样花了七八个月的时间硬是把《水浒传》标点出来,

胡　适

并且还划分了段落，同时将原书中后人加的眉批夹注一概删掉。汪孟邹并不理解汪原放的标点工作，担心出版后销路不好。谁知陈独秀得知后却大加赞扬，他对汪孟邹说：“好哇，这有什么不放心的？把原放标点的书拿给我带回去看看”。没过几天，陈独秀又来到亚东图书馆，一进门便高兴地说：“我看过了，很好，能出。眉批夹注删掉好，读书嘛，就要让读者自己去读”。有了胡适和陈独秀的鼎力支持，汪原放信心十足，经过努力，终于将标点好的《水浒传》送到了印刷厂。胡适果然践诺认真写了篇《水浒传考证》，陈独秀也写了篇《水浒传新序》，都排在正文之前。

胡适不仅写了《水浒传考证》，而且对出版的各个细节都非常关心。1920年暑假，胡适因到南京高校上课，取道上海，专门看了《水浒传》的印张，赞扬“印得很不差”，同时提了两条建议：一是在版权页上，“句读者”标了“亚东图书馆”，可能是汪原放不愿突出自己。但胡适建议“句读者”应老老实实地标上“汪原放”，这样，打上个人姓名，一人做事一人当，责任更重。二是建议汪原放在书的最后附上一篇《校读后记》，“要越详细越好，举例愈多愈好”。这两条建议，汪原放都全部采纳了。他在《句读符号例》中，介绍了十一种标点符号：“。”“，”“；”“：”“？”“!”“……”“——”““””“‘’”“～～～”明确标点符号的使用规范和助读功能。这些标点符号完全是汪原放的创新，其他出版社都没有使用过。

汪原放的标点本《水浒传》,亚东图书馆出版

为了给新式标点鼓与呼,同时也是为了充分肯定汪原放的工作,胡适在《水浒传考证》中深情地写道:

> 我的朋友汪原放君用新式标点把《水浒传》重新点读一遍,由上海亚东图书馆排印出版,这是用新式标点来翻印旧书的第一次。我可预料汪君这部书将来一定要成为新式标点符号的实用教本,他在教育上的效能一定比教育部颁行的新式标点符号原案还要大得多。汪君对此书的校读的细心,费的功夫之多,这都是我深知道和深佩服的。

标点本《水浒传》于1920年8月正式出版,胡适带了四包书去南京,谁知讲课后一抢而空。在上海新书一上架就告售罄,只得重印,到1922年底,共印了四次,印数达一万四千本。这真是大大出乎汪孟邹和汪原放的意料。

初战告捷,极大地增强了汪原放的信心,他决心继续标点其他古典小说。第二年又标点了《儒林外史》,胡适照样给了极大的支持,不仅为此书写了序，而且还专门作了一篇《吴敬梓传》。短短几年时间，汪原放先后标点了《红楼梦》《西游记》《三国演义》《镜花缘》《水浒续集》《儿女英雄传》《老残游记》《海上花》等，这些都是我国历史上最优秀的古典小说。其中特别要指出的是他对标点《红楼梦》的贡献。

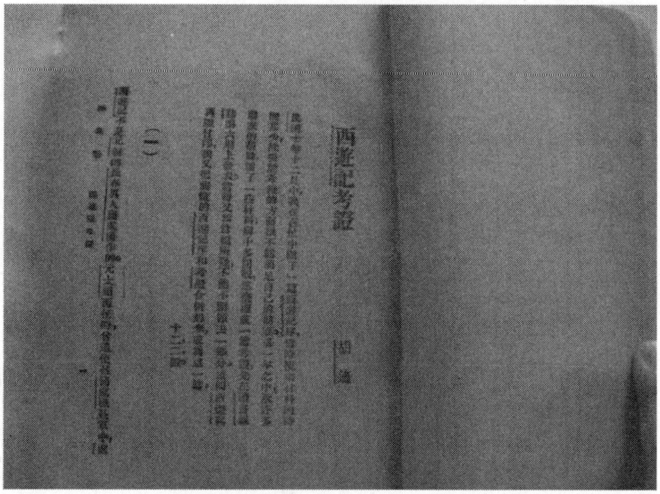

亚东版《西游记》，刊登了胡适为此书写的考证

曹雪芹的《红楼梦》自诞生后，一直以传抄的方式在民间流传。由于该书部头大，一部传抄本售价总在几十两银子，大大限制了它的流通范围。后来程伟元、高鹗采用活字版刊印经过修订的《红楼梦》本子，大大降低了该书成本，从而成为广泛通行的本子，这就是所谓的“程甲本”。汪原放第一次标点出版的《红楼梦》，就是“程甲本”。所谓“程甲本”就是程伟元和高鹗于1791年，将前八十回与后四十回合成一个完整的故事，以木活字排印出来的《红楼梦》，其中的后四十回，一般认为是高鹗所补（也有一说无名氏所续，高鹗整理）。第二年也就是乾隆五十七年（1792）程伟元、高鹗又排印了一部《红楼梦》，这个版本比程甲本多出两万余字，他们解释说是“因急欲公诸同好，故初印时不及细校，间有纰缪”。这个版本人们通常称为“程乙本”。

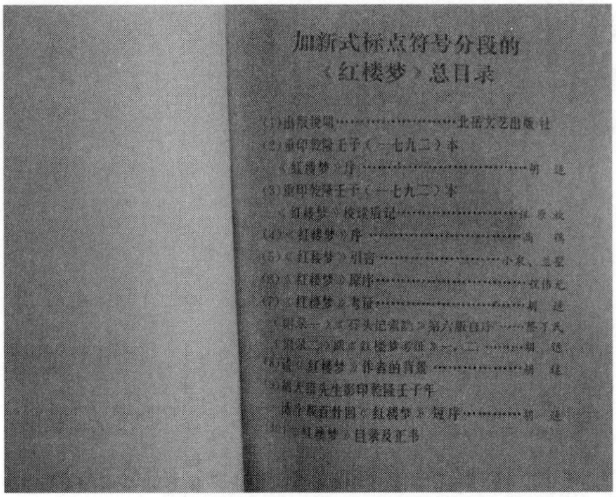
加新式标点符号分段的
《红楼梦》总目录

(1)出版说明……北岳文艺出版社
(2)重印乾隆壬子(一七九二)本
《红楼梦》序……胡 适
(3)重印乾隆壬子(一七九二)本
《红楼梦》校读后记……汪原放
(4)《红楼梦》序……高 鹗
(5)《红楼梦》引言……小泉、兰墅
(6)《红楼梦》原序……程伟元
(7)《红楼梦》考证……胡 适
(附录一)《石头记索隐》第六版自序……蔡孑民
(附录二)跋《红楼梦考证》(一、二)……胡 适
(8)读《红楼梦》作者的背景……胡 适
(9)胡天猎先生影印乾隆壬子年
木活字本百廿回《红楼梦》短序……胡 适
(10)《红楼梦》目录及正书

汪原放标点出版的《红楼梦》总目录

汪原放当时标点《红楼梦》时，并没看到“程乙本”，当标点本出版后听说胡适藏有“程乙本”，他向他借来决定重新标点。这一次，他更加精益求精。据他在1927年重排本《校读后记》中所说，1922年到1923年两年之间，他将全书整个校对三遍。这次正文校点工作做得极为细致，所以拖的时间也很长。其间汪原放还广泛关注、吸收《红楼梦》版本研究方面的新成果。经过几年的努力，到1927年，以程乙本为底本的重排标点本《红楼梦》由亚东图书馆刊印。卷首有胡适序言《重印乾隆壬子本〈红楼梦〉序》，还增加了胡适所藏程乙本中兰墅、小泉的引言和高鹗的序言，汪原放也重写了两万多字的《校读后记》，详细说明该书在校勘过程中，自己是如何斟酌各见，择善而从；如何鉴别前人得失，增删补改；如何选用版本，判断优劣，等等。初版和再版时的附录全部予以保留。

重排本推出后深受欢迎，到1948年共再版了八次，成为新中国成立前三十年最为流行的一个版本。后人认为汪原放的这次标点本《红楼梦》在三个方面改写了红学的历史：一是标点本压倒以前的一切无标点本，成为《红楼梦》流通的主流版本；二是首次排印程乙本，稳固了程乙本在学术界和市场流通中的地位；三是卷首序跋内容丰富，尤其是胡适修改再版的《红楼梦考证》，成为新红学奠基之作。新红学从此取代旧红学,成为红学界的学术主流。

汪原放标点出版的古典小说之所以深受读者欢迎,与他一丝不苟的精神是分不开的。著名学者张静庐自传中曾说:“亚东版的古典小说标点本和严谨的作风,我们不能抹杀汪原放先生的苦干精神!为一部小说的新式标点,费一年、半年的时间和十次、八次的校对,是常有的事”。可见汪原放为标点十多部小说,付出了多少艰辛和血汗。

当然,汪原放的艰辛和血汗得到了学界和社会的普遍赞扬。鲁迅先生曾这样说过:“我以为许多事是做的人必须有一门特长的,这才做得好。譬如,标点只能让汪原放,做序只能推胡适之,出版只能由亚东图书馆,刘半农、李小峰、我,皆非其选也”。这真是对汪原放的最大褒奖。著名学者邵力子、陈望道和日本学者青木正儿(胡适的朋友)都著文肯定他的历史性创举。20世纪著名作家、北大教授吴组缃在谈到自己阅读亚东本《红楼梦》时的激动心情,以及以此为教材学做白话文的情形时说道:

> 现在我买到手的,属于我所有的这部书,是跟我平日以往看到的那些小说书从里到外都是完全不同的崭新样式:白报纸本,本头大小适宜,每回分出段落,加了标点符号,行款疏朗,字体清楚,拿在手里看着,确实悦目娱心。我得到一个鲜明印象:这就是“新文化”!
>
> 我开始尝到读小说的乐趣。心里明白了小说这东西和读小说的人所受待遇新旧对比是如此迥不相同!同时读它的还有好些同学。我们不只为小说的内容所吸引,而且从它学做白话文:学它的词句语气,学它如何分段、空行、低格,如何打标点用符号。

由上可知，汪原放标点由亚东图书馆出版的古典小说在当时社会上引起的强烈反响。很多人都是通过阅读标点本小说来学习标点符号、学习白话文的。这一切都发生在我国新文化运动初兴时，它极大地推动了新文化运动的发展。

第六章　徽商与戏剧

对台戏

经商与唱戏，一个忙挣钱，一个搞艺术，本是风马牛不相及的两码事，但徽商与戏剧却有着不解之缘。徽商为戏剧提供了生存的条件、成长的舞台、提高的动力、创新的机会，戏剧给徽商提供了精神的享受、带来了虚荣的满足、架设了和官员沟通的桥梁。

明清时期，富甲一方又有文化的徽商对戏剧情有独钟，人们在物质生活富裕以后，必然追求精神生活和文化消费。徽商也是如此。戏剧就是他们非常喜爱的艺术之一。贾而好儒的徽商一般来说文化程度较高，素质也较高，他们在致富后，一般追求一种高雅的精神生活。读书当然是

祁门县叶源明代戏台

最普遍的形式，除此之外，艺术尤其是戏剧更是他们的追求。戏剧艺术是一种比较复杂和高雅的艺术形式，集诗歌、绘画、表演、歌唱、故事于一体，能满足一个人的多重需求，在没有更好的艺术形式出现之前，观剧可能是当时人们最高级的一种精神享受了。

喜爱看戏是徽州人的传统。处在万山丛中的徽州，本来与外界交流就不多，也没有其他更好的娱乐方式，因此演戏自然成了普通民众娱乐最好也是最普遍的形式。每逢重大节日、庆典聚会，人们都要演戏娱乐，这成为徽州各地的风俗和传统。明末崇祯年间，傅岩曾任歙县知县，在任五年，对徽州的风俗十分了解，他就说过："徽俗最喜搭台观戏"。事实也确是这样，据清代徽人赵吉士回忆："先曾祖《日记》，万历二十七年(1599)，休宁迎春共台戏一百零九座。台戏用童子扮故事，饰以金珠缯彩，竞斗靡丽美观也。近来此风渐减，然游灯犹有台戏，以绸纱糊人马，皆能舞斗，较为夺目。邑东隆阜戴姓更甚，戏场奇巧壮丽，人马斗舞亦然。每年聚工制造，自正月迄十月方成，亦靡俗之流遗也。有劝以移此巨费，以赈贫乏，则群笑为迂矣。或曰，越国公神会酬其保障功，不得不然"。仅仅为了迎春，仅仅休宁一县，就演了一百零九台戏，那么整个徽州一年的演戏数量就相当惊人了。正月是徽州演戏最频繁的时候，元日(正月初一)、上元日(正月十五)，徽州各处都要演戏。到了中元日(七月十五)，各地都要"祀祖，设盂兰会，闰岁则演剧"。八月中秋，"前后数日

徽州戏剧

多演剧报赛”。在一些大宗族聚居的乡村，每逢宗族的重大活动，也是经常演戏，或娱乐、或酬神、或祭祖的。

更为特别的是，在徽州还有“罚戏”的传统。人们对一些损害集体利益的行为，集体往往作出“罚戏”的规定。当然这是事先明示，且征得大家一致同意的。如今我们在一些徽州文书或现存的徽州碑刻中就可以看到这方面的记载。例如，现存祁门县环村“叙伦堂”的外墙上至今仍保存一块嘉庆年间立的“永禁碑”，其中就有规定：“纵火烧山者，罚戏一台；采薪带取松杉二木并烧炭故毁，无问干湿，概在禁内，违禁者罚戏一台”。显然可以看出，被“罚戏”的行为，一般都是给集体利益造成重大损失的行为，像上述的纵火烧山、伐松杉二木并烧炭故毁，这都是后果比较严重的行为，所以给予“罚戏”的惩处，因为演戏一台是要花费不少钱财的，对当事人是一个深刻的教训；而且一旦“罚戏”，前来观看的人很多，这又可以在更大的范围内起到警示教育的作用。

在外地经营的徽商自然也继承了这一传统。那时徽商为了娱乐，也为了和官员搞好关系，他们经常请来一些戏班到自家的园林中演出。徽商虽没有学过公共关系学，但运用起公关策略来却是“九段高手”。这也难怪徽商，在那个“官本位”的社会，一切权力、一切资源都攥在官员手中，要想获得经营特权，或保住自己的利益，不得不设法与官员建立密切的联系。送礼固然是一方面，但除了物质的东西外，总要有点精神的、文化的东西吧。那时不像现在，剧团、剧院各地都有，看戏听歌，小菜一碟，好莱坞大片，甚至在国家大剧院里看世界明星演出，也毫不足奇。那时哪有这些文化娱乐，没有剧团，更无像样的剧院，所以请官员看戏，对官员来说可是一种高级的文化享受，对徽商来说就是一种高级的精神贿赂了。

有时候，为了追求新鲜，徽商还想出一些新的花样来。俗话说：

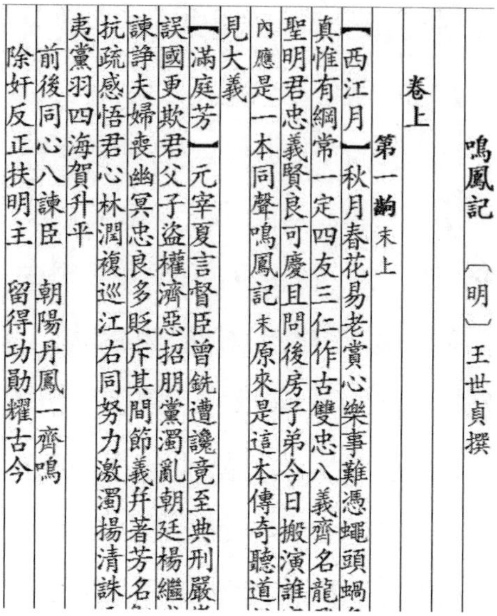

鳴鳳記 〔明〕王世貞撰

卷上

第一齣 末上

【西江月】秋月春花易老賞心樂事難憑蠅頭蝸

真惟有綱常一定四友三仁作古雙忠八義齊名龍

聖明君忠義賢良可慶且問後房子弟今日搬演誰

内應是一本同聲鳴鳳記 末原來是這本傳奇聽道

見大義

【滿庭芳】元宰夏言督臣曾銑遭讒竟至典刑嚴

誤國更欺君父子盜權濟惡招朋黨濁亂朝廷楊繼

諫諍夫婦喪幽冥忠良多貶斥其間節義并著芳名

抗疏感悟君心林潤複巡江右同努力激濁揚清誅

夷黨羽四海賀升平

前後同心八諫臣 朝陽丹鳳一齊鳴

除奸反正扶明主 留得功勛耀古今

《鸣凤记》剧本

“不怕不识货，就怕货比货”。精于此道的徽商竟别出心裁的在演戏上也来个“货比货”——组织两个戏班唱“对台戏”。下面就是一个生动的例子：

明代南京城内有不少戏班，但最著名的是两个：兴化部和华林部。一日某徽商突发奇想，用重金请来这两个著名的戏班演出。他在自家园林里搭建了相邻的两个舞台，一在东，一在西，两个戏班各在一个戏台演出。为了营造气氛，徽商遍邀金陵贵客，城内那些达官显贵、妖姬淑女，莫不毕集。当时列兴化部在东边舞台，列华林部在西边舞台，他们都同样演一出抨击奸相严嵩的《鸣凤记》。

开场伊始，引商刻羽，抗坠疾徐，可谓不相上下，台下观众一片叫好。谁知演到严嵩出场时，情况突变。西边舞台扮严嵩的是李伶，东边舞台扮严嵩的是马伶。举手投足、侃侃而谈之间，高下立分。东边戏台下的坐客渐渐移到西边戏台观看，看到精彩处，甚至大呼命酒，高声喝彩，而东边只有寥寥数人了。很快东边就戛然停止了。原来马伶演不下去，已易衣开溜了。

其实，马伶在金陵也是有名的戏子，以他为首的戏班在金陵也是响当当的，没想到这出对台戏让他惨败，他决定到外地去闯一闯。临走前他一再嘱咐戏班其他同伴，不要解散戏班，一定要等他回来。马伶一走，兴化部群龙无首，又不肯另拜他人，只好停演，华林部就独擅金陵梨园了。

谁知三年后马伶神不知鬼不觉地回来了，而且又找到当初的那位徽商，请求再演一次“对台戏”。徽商知道，当今的马伶是要刮目相看了，既然他主动要求唱对台戏，那好戏肯定在后面。于是徽商慨然应允，立即通知有关人士择日来园观看演出。

仍然是上次的戏台，仍然是上次的观众，仍然是上次的剧目——《鸣凤记》。但这次可不比上次，待到马伶出场，举手投足、侃侃而谈时，活脱脱的一个严嵩再世，台下一片喝彩，东边的李伶知道不妙，立马停演。待演出结束后，李伶来到后台，心甘情愿地匍匐在马伶面前，口称弟子了。

马伶又从哪里学得这一身绝技呢？原来上次扮演严嵩，他输就输在从来没有和官员打过交道，更别提当朝宰相了，所以举手投足之间，与朝廷高官相差甚远，自然一败涂地。为了能够观摩朝廷高官的日常举止，他断然离开戏班，一路到了北京，打听到当朝宰相是昆山顾秉谦，于是想方设法，托身为相国家的门卒。相国管家一看马伶灵活聪明，一口答应让他充当相国的侍从，而且一干就是三年。三年期间，只要相国一退朝回家，他就在身边服侍，仔细观察其言谈举止，客人来访，他也认真观察相国待人接物的一举一动、一言一行。晚上回到自己的房间，反复练习，从走路到讲话，从喝水到起身，一样样模仿，一样样体会。作为戏子，能够“深入生活”到这种地步，还有什么学不像的呢？所以他重返舞台时，自然将严嵩演得惟妙惟肖了。

徽商组织“对台戏”，本意是为了取乐，不想却刺激了某些演员，使他们不得不努力提高自己的技艺，从而推动了戏剧的发展与提高，这不能不说是徽商的一个贡献，尽管这是歪打正着。

徽　班

请戏班来到自己家中演出固然很好,但再好也没有自家有戏班方便呀！富起来的徽商于是有人动心思蓄养家班了。

家庭蓄养戏班,谈何容易！

徽班

一个家班少说也有十来个人,他们要吃饭、穿衣、住宿,主人都得供养吧。戏子是可以唱《空城计》,但肚子可不能唱“空城计”。这是再明白不过的道理。唱戏就得有行头,多少个剧目就要有多少个不同的行头,这也是需要一大笔钱的。平时排练需要有人指导,新的剧目要有人编剧,这些都要花重金聘请。班子里的名角,给他的钱少了又是留不住的。总之,蓄养一个家班不是一般的富商所能承担得起的。

然而,徽商可不是一般的富有啊！从明代中后期开始,一批大的徽商富豪就出现了,他们纷纷蓄养起家班。徽商家班唱的都是徽剧,所有又叫“徽班”。如明代徽商吴时英,家中世代在扬州业盐,是个盐商世家。祖父时就已发家,到他父亲接手时更成了富豪。吴时英本想走读书科举之路,由于连年科场失利,于是弃儒就贾,继承父业了。由于富有,他家就蓄有家班。吴时英为人豪爽,喜交朋友,扬州又是天下要冲,南来北往的权贵、文人、墨客极多,他们一到扬州,肯定就是吴时英家的座上宾，吴时英也肯定要命家班演出招待贵客。另一徽商黄钟，随仲兄在江浙一带经商几十年，终成巨富。他看到扬州那些富商大贾终日以声色为娱，非常羡慕，也拿出几千两银子蓄养家班，供其享乐。万历年间曾任翰林院编修，后罢官居家的冯梦祯就曾写到自己看到吴姓徽商蓄养的“吴徽州班”演出《章台柳》《玉合记》的情况。另一徽州富商汪季玄更不得了，因他自己也懂得戏剧，可谓是个行家，所以他对自己蓄养的家班要求很高，希望他们不断提高演出技艺。他曾请来当时著名戏曲理论家、徽州人潘之恒来府一住就是十天，汪季玄搬出家班天天给潘之恒“汇报演出”，请求指点。汪季玄还时不时亲自调教。据潘之恒评价，这个家班演出技艺真的不错，“举步发音，一钗横，一带扬，无不曲尽其致”。“其浓淡繁简，折衷合度”，甚至和苏州的戏班相比，也是相差无几。

到了清代，尤其是康熙、乾隆年间，经济繁荣，歌舞升平，演戏更成了一种民间风气。更何况在扬州千万家产的徽商富豪不断涌现，徽商蓄养“家班”的现象有增无减，蔚成风气，而且无论从数量上、规模上、艺术水平上都超过了明代。只要盐商聚会，征歌演剧已成为常事。其中徽州盐商就扮演了主要角色。像徽州盐商黄履暹、汪廷璋、洪征治、张大安、程谦德、汪太太等都蓄有家班，随时演出享乐。而大盐商江春家中还蓄养了两个家班呢。

据《扬州画舫录》载：江春“所豢养春台、德音两班家伎，仅供商人家宴，岁需三万金”。三万金是什么概念？按照当时的物价，三万金也就是三万两白银可以购买三万石白米，或者购买一千二百亩良田。仅仅养两个家班供家宴使用，一年就得花这么多银子，可见江春多么富有。

徽商的家班除了平时自娱、交友外，还要在皇帝南巡时演出，以备宸赏。康熙、乾隆在位期间，都曾有六次南巡。虽然康熙皇帝并没有每次都到扬州，可乾隆皇帝却是一次都不少。乾隆又极爱观剧，负责接待的扬州官员自然知道乾隆的嗜好，两淮盐政官员所蓄养的花、雅两部戏班自然都是为了迎接皇帝南巡的。除此之外，盐商们出于迎驾的需要，自然也要尽大力。除了建造一系列的园林，以供皇帝游览以外，备戏演出是绝对少不了的。

清代戏剧人物谱

每次皇帝驾到，其欢迎的盛大场面常人真难以想见。其中最重要的内容之一就是演戏。据《唐船风说书》载："扬州、苏州、嘉兴、杭州四府盐商及渡海赴日本办铜之官商等人，皆搭设高台演出歌舞，不惜钱物极尽奢华。大凡数百里内迎驾之时，舞台数千座，无一相同者，皇帝亦相应回赐上述人等金银、小件器物、貂皮等，众人皆引以为不世之荣幸"。这一记载应是可信的。《清稗类钞》中作了详尽的描述：

高宗第五次南巡时，御舟将至镇江，相距约十里，遥望岸上著大桃一枚，硕大无朋，颜色红翠可爱。御舟将近，忽烟火大发，光焰四射，蛇掣霞腾，几眩人目。俄顷之间，桃砉然开裂，则桃内剧场中峙，上有数百人，方演寿山福海新戏。

南巡时须演新剧，而时已匆促，乃延名流数十辈，使撰《雷峰塔传奇》，然又恐伶人之不习也，乃即用旧曲腔拍，以取唱演之便

> 利，若歌者偶忘曲文，亦可因依旧曲，含混歌之，不至与笛板相迕。当御舟开行时，二舟前导，戏台即架于二舟之上，向御舟演唱，高宗辄顾而乐之。

可想而知，这些演出的戏班，不可能都是官府蓄养的，也不可能是平民组建的，那当然是商人主要是盐商蓄养的“家班”或盐商出钱聘请的戏班。从这一点就可看到当时徽商蓄养“家班”的盛况。

徽班进京（张贝贝绘图）

徽班进京

清代皇帝个个是戏迷，尤以乾隆为甚。这位“十全老人”虽经常征调戏班到宫中演出却仍不过瘾，还要不远千里六次到扬州看戏，在徽商的调教下，扬州戏班给这位老皇帝留下了深刻印象。乾隆五十五年(1790)，是“十全老人”八十大寿，这是全国上下的头等大事，不用说，宫里宫外忙得不亦乐乎！地方上最会凑热闹的恐怕就数扬州了，因为扬州最富，戏班最多，皇帝最喜欢。扬州主要靠盐商，盐商主要是徽商，徽商深知这正是向皇帝献媚的好时机，哪能袖手旁观呢？所以在盐运司官员的授意下，徽商立即以重金组建艺术精湛的戏班进京，为皇帝祝寿。其中就有江春的家班——“三庆班”，“三庆班”以“二黄耆宿”高朗亭为首，徽商做梦也没有想到，三庆班这一去，却开辟了我国戏剧的新纪元。

徽班进京演出的人物图谱

三庆班进京一炮打响。不仅在皇宫演出风头独健，在民间演出也名声大噪。那时戏曲分花部、雅部，雅部指昆腔，花部指昆腔外的地方声腔，而徽班不但善演花部诸戏，而且对雅部也很熟悉。徽班所具独擅两部的特长使得其他戏班不能不甘拜下风。三庆班在北京立足后，又有四喜、启秀、霓翠、和春、春台等安徽戏班相继进京。在演出过程中，六个戏班逐渐合并为三庆、四喜、和春、春台“四大徽班”。当时戏庄演戏必用徽班，京城戏园之大者如广德楼、广和楼、庆乐园、三庆园必以徽班为主。据《清稗类钞》第一百零一卷《徽班世家》载：“嘉庆以还，京师苏班量就衰微，徽班仍遂铮铮于时。班中上流，大抵徽人居十之七，鄂人间有，不及徽人之多也。其初入都，皆操土语，侨居数代，变而为京音，与土著无异。伶界最重门阀，而徽、鄂人后裔之流寓在京者，大抵均世其业，称为世家，诸家姻娅相连，所居皆在正阳门外五道庙一带”。

徽班在演唱二簧、昆曲、梆子、啰啰诸腔的基础上，又兼容并蓄，吸收北京曾经流行的京腔（高腔）、秦腔中的长处，逐渐演变成京剧——中国的国剧也就呱呱坠地了。

历史已过去两百多年了，当我们今天在大谈振兴国剧的同时，也不应忘记徽商的这些贡献。